«Más vale fortuna en tierra que bonanza en la mar»

«Más vale fortuna en tierra que bonanza en la mar»

Franquismo y vivienda social para pescadores en Galicia

Xurxo Antelo Alvite
Daniel Lanero Táboas

Ediciones Trea

ESTUDIOS HISTÓRICOS LA OLMEDA
COLECCIÓN PIEDRAS ANGULARES

Primera edición: diciembre de 2024

© Xurxo Antelo Alvite y Daniel Lanero Táboas, 2024

Motivo de cubierta: *Soportales en el puerto de Muros* (1927), de Carlos Sobrino Buhigas
(propiedad de la Colección de Arte Afundación-Obra Social ABANCA)

Ediciones Trea, S. L.
C/ Gran Capitán, 52
33213 Gijón (Asturias)
Tel.: 985 303 801 / Fax: 985 303 712
trea@trea.es / www.trea.es

Dirección editorial: Álvaro Díaz Huici
Producción: Patricia Laxague Jordán
Corrección: Almudena Zapatero
Maquetación: Almudena Zapatero

D. L.: AS 02895-2024
ISBN: 978-84-10263-66-6

Impreso en España. *Printed in Spain*

Índice

Presentación

Este libro quiere ser una contribución al conocimiento de la vivienda social, en su modalidad destinada al colectivo profesional de los marineros, durante el franquismo. Pero, en sus objetivos, nuestra investigación ha pretendido ir mucho más allá tomando la cuestión de la vivienda como hilo conductor. En un sentido más amplio, nuestro propósito ha sido recuperar y poner en valor la memoria laboral, social y política de los marineros, de sus familias y de sus comunidades a través de la reconstrucción de sus historias de vida. De ahí la atención que hemos prestado a asuntos como las experiencias laborales de los hombres y las mujeres del sector pesquero, sus prácticas y lugares de sociabilidad o la dimensión comunitaria de la vida cotidiana.

Nuestro proyecto parte también de la particular conceptualización que la dictadura franquista elaboró acerca de los marineros y de sus familias como colectivo laboral, grupo social y sujeto político. Al respecto, el régimen de Franco partió de dos premisas principales. En primer lugar, la consciencia de que los trabajadores del mar eran —dadas sus culturas políticas y su militancia sindical previas a la Guerra Civil (1936-1939)— un colectivo profesional desafecto. En segundo, la consideración de los marineros y sus familias como un grupo social que debía ser objeto —desde una perspectiva higienista y moral que asentaba sus bases en el primer tercio del siglo XX— de una intervención decidida de los poderes públicos en ámbitos como las condiciones laborales y la gestión de los ingresos, la formación, el control del tiempo de ocio o la situación de la vivienda familiar, entre otras cuestiones.

Desde nuestro punto de vista, la mejor estrategia para conocer las relaciones que mantuvieron en el día a día las instituciones franquistas con las comunidades pesqueras es el estudio de las actitudes sociales y políticas de los marineros y de sus familias hacia la dictadura. La política de vivienda social ha sido nuestro laboratorio principal para detectar manifestaciones de aceptación, consentimiento, indiferencia, disconformidad o rechazo, sentimientos que con frecuencia conviven de manera dinámica —en función de las actuaciones concretas del régimen o de sus representantes a las que se haga referencia— en una misma persona o familia. Aunque el foco del análisis haya estado en la vivienda, otros ámbitos de la experiencia cotidiana, como la gestión de los seguros sociales, la concesión de créditos para adquirir embarcaciones y aparejos de pesca o la creación de una oferta de ocio específica para los marineros, han demostrado también su relevancia desde el punto de vista de la interpretación de las actitudes sociales.

Finalmente, y aunque apenas estaba apuntado entre los objetivos iniciales de nuestra investigación, los resultados que presentamos en las siguientes páginas pueden leerse también como una aportación al conocimiento del rico patrimonio arquitectónico de las comunidades pesqueras, incluso en cierta medida al patrimonio cultural inmaterial contenido en la información facilitada por la fuente oral.

Respecto de la vivienda social para marineros como un patrimonio arquitectónico singular y de los barrios marineros como una forma urbana particular —que, entendemos, deben ser estudiados, conservados y protegidos—, nos preocupa su riesgo de desaparición, tal y como está ocurriendo con otros ejemplos de «barrios sociales», a causa del desinterés de las autoridades, del desconocimiento de su valor o de la especulación inmobiliaria.

El marco cronológico de la investigación es la dictadura franquista en toda su extensión (1936-1975), aunque los cinco casos de estudio analizados se corresponden con las décadas de 1950, 1960 y 1970. Este marco se desborda relativamente si tenemos en cuenta que algunos de los grupos de viviendas para marineros tuvieron su origen en proyectos y decisiones políticas impulsados en la década de 1940, y en otro caso las viviendas no empezaron a entregarse hasta 1978, ya en la transición a la democracia.

El ámbito geográfico es la provincia de A Coruña. En función de los conocimientos previos sobre el tema que manejaba el equipo de investigación, de la recopilación de nueva documentación y de la elaboración de una cartografía de los grupos de viviendas sociales para marineros construidos durante el franquismo, elaboramos una muestra de cinco localidades pesqueras (puertos) de la provincia que funcionan como casos de estudio. Los cuatro primeros —Ribeira, Ares, Cariño y Espasante (Ortigueira)— responden al perfil de villas marineras con puertos pesqueros con un diferente nivel de relevancia, siendo Ribeira y Cariño los más importantes durante el periodo de estudio. El quinto caso lo constituyen dos de los barrios de A Coruña, la capital provincial, con un importante componente marinero desde una perspectiva sociológica: Elviña y Monelos.

En cuanto a las fuentes, la investigación se asienta sobre tres pilares empíricos principales —tres corpus de fuentes diferentes—: las archivísticas, las orales y las hemerográficas. A estos tres tipos de fuente se fueron añadiendo de manera natural otras con el propio desarrollo de la investigación: las fuentes fotográficas, con el objetivo de registrar en este formato los grupos de viviendas sobre los que íbamos trabajando, y las fuentes de naturaleza privada. El contacto con los informantes —la fuente oral— facilitó que estos pusieran en ocasiones a nuestra disposición nueva documentación original: escrituras de propiedad, recibos de pago de cuotas mensuales de amortización o alquiler, planos, fotografías del estado original de las viviendas, de las calles y de los barrios, etc.

En cuanto a las fuentes archivísticas, hemos consultado los fondos de los archivos municipales de Ribeira, Ares, Ortigueira y A Coruña, así como aquellas informaciones de interés en relación con el tema de investigación localizadas en el Arquivo Histórico do Reino de Galicia (AHRG) —con sede en A Coruña—, en concreto los fondos documentales de las corporaciones sindicales y los del Colegio Oficial de Arquitectos de Galicia.

Por otra parte, realizamos un completo programa de entrevistas orales, al que precedió el diseño de una muestra potencial de informantes y la elaboración de un modelo semiestructurado de entrevista capaz de adaptarse con la necesaria flexibilidad a los diferentes contextos e informantes. En total se realizaron dieciocho entrevistas, con la siguiente distribución geográfica: cinco en Ribeira, tres en Ares, tres en A Coruña, cuatro en Cariño y tres en Espasante.[1]

Por lo que respecta a las fuentes hemerográficas, rastreamos en la prensa diaria todos aquellos grupos de viviendas para marineros de los que conocíamos su existencia y localizamos e identificamos otros hasta entonces desconocidos, mediante un vaciado sistemático de la información de los siguientes periódicos: *La Voz de Galicia* (A Coruña); *El Pueblo Gallego* (Vigo); *El Correo Gallego* y *La Noche* (Santiago de Compostela). Igualmente, se consultó la *Revista Nacional de Arquitectura*, en concreto diez de los números publicados entre 1942 y 1953 que contienen informaciones relativas a proyectos de casas y poblados de pescadores.

Con esta obra queremos realizar una aportación significativa, centrada en el caso gallego, pero extrapolable en muchas de sus conclusiones a otros contextos marítimos del Estado, a un tema de investigación que ha tenido un escaso recorrido historiográfico hasta el momento.

Ansola (1992) y Muñoz (2021) se han ocupado en sendos artículos de la cuestión de la vivienda marinera durante el franquismo en Cantabria y el País Vasco respectivamente, mientras que La Spina (2021) lo ha hecho recientemente para un poblado de pescadores en Levante, en concreto en Cartagena.[2] Nuestra investigación dialoga

---

[1] Hemos optado por preservar la identidad de nuestros informantes, quienes aparecen tanto en el cuerpo del texto como en las notas al pie referenciados a través de sus iniciales.

[2] En Galicia existen algunos trabajos precedentes, como el de David Fontán Bestilleiro (2020) en otro grupo

con toda esta valiosa literatura de la historia de la arquitectura y de la historia social de la pesca, aportando nueva carga interpretativa procedente, sobre todo, del estudio de las actitudes sociales y de la historia de la vida cotidiana bajo el franquismo.

El libro se organiza en tres partes.

La primera es una amplia introducción que contextualiza la situación del sector pesquero en Galicia durante el primer tercio del siglo xx —en especial en sus dimensiones económica, laboral y sindical—; los efectos de la Guerra Civil y la represión sobre los marineros como colectivo profesional y el proceso de institucionalización del franquismo en el sector pesquero, incluyendo la cuestión de la vivienda social para marineros.

La segunda parte se dedica al análisis pormenorizado de los cinco casos de estudio seleccionados, es decir, da cuenta de todo el trabajo empírico llevado a cabo y realiza las correspondientes interpretaciones para cada caso.

La obra se cierra con unas conclusiones de síntesis en las que presentamos de manera conjunta los principales resultados obtenidos.

Los autores no entendemos la investigación histórica teórica y metodológicamente rigurosa como incompatible con la transferencia social del nuevo conocimiento alcanzado. Al contrario, nuestro objetivo es que la lectura de este libro sea accesible y de interés para los miembros de aquellas comunidades cuya historia durante las décadas franquistas, desde el punto de vista de diversas dimensiones de la vida marinera, hemos tratado de comprender y reconstruir.

De hecho, el libro que ahora presentamos es solo uno de los resultados de una actividad de investigación desarrollada en el marco de un convenio de colaboración más amplio establecido entre la Excma. Deputación Provincial de A Coruña y la Universidade de Santiago de Compostela.[3]

A lo largo del año y medio de realización de la actividad hemos ido compartiendo nuestros hallazgos con las comunidades locales estudiadas, a través de charlas en asociaciones culturales, actividades didácticas en centros educativos, entrevistas en medios de comunicación o la publicación parcial de nuestros resultados en revis-

---

de viviendas de la ciudad de A Coruña y el de Diego López Carcedo-Iglesias (2020) en A Guarda y en Vigo. Véase D. Fontán Bestilleiro (2020): «Casas para gente del mar. El barrio dos mariñeiros de A Coruña», en D. Lanero (coord): *De la chabola al barrio social: Arquitecturas, políticas de vivienda y actitudes sociales en la Europa del Sur (1920-1980)*. Granada: Comares, pp. 117-137; y también D. López Carcedo-Iglesias (2020): «Marineros, empleados, funcionarios…, la política de vivienda del franquismo en la Galicia urbana de los cincuenta y sus beneficiarios», en C. Hernández Burgos y M. A. del Arco Blanco (coords): *Esta es la España de Franco. Los años cincuenta del franquismo, (1951-1959)*, Zaragoza: Universidad de Zaragoza, pp. 187-206.

   [3] *Investigación histórica sobre as vivendas sociais para mariñeiros (poboados e «casas de pescadores») construídas durante as décadas de 1940, 1950 e 1960 en diferentes vilas e localidades da provincia de A Coruña por iniciativa do Instituto Social de la Marina (ism) e a Obra Sindical del Hogar y Arquitectura (osh)*. IP: Daniel Lanero Táboas. Duración: 1-1-2023 al 31-5-2024.

tas vinculadas con el tejido asociativo local. Lo mucho que ambos autores hemos aprendido de esa interacción, junto con aquello que hayamos podido aportar a las comunidades, ha sido sin duda para nosotros lo más satisfactorio e ilusionante del proyecto. En este sentido, la publicación de este libro no cierra ninguna etapa ni pone fin a un proyecto, sino que nos reafirma en esta forma de hacer historia abierta a la sociedad.

Introducción

La pesca en Galicia a finales del siglo XIX-principios del siglo XX

El sector pesquero gallego experimentó una importante transformación entre las décadas finales del siglo XIX y los años previos a la Guerra Civil (Giráldez Rivero, 1996: 209-349). Entre 1873 y 1932 la población marinera se multiplicó en Galicia por 3,5 como consecuencia de la progresiva implantación de un sistema pesquero industrial. La expansión de la economía pesquera no fue ni mucho menos homogénea en todo el litoral gallego, sino que se concentró fundamentalmente en el sur, en las Rías Baixas.

Estos profundos cambios en el sector pesquero estuvieron directamente relacionados, primero, con la introducción del vapor en la pesca en el último decenio del siglo XIX y, más adelante, de forma muy significativa, con la aparición en todas las rías de barcos dotados de motor de explosión, un hecho que cambió profundamente la naturaleza de las relaciones laborales en la pesca. A comienzos de la década de 1920, un 17 % de marineros y otros tripulantes (mecánicos, fogoneros) estaban ya enrolados en vapores y motoras que tenían su base sobre todo en el puerto de Vigo, también en los de A Coruña, Marín, Cangas, Moaña y Ribeira. En 1932, 28 000 tripulantes, un 48 % de la población marinera, formaban parte de la flota industrial o semiindustrial —en transición de la producción artesanal hacia la industrial—, en tanto que el 51 % restante seguía vinculado a actividades pesqueras de carácter artesanal (Pereira, 1992: 153-157).

Las Rías Baixas, y particularmente el puerto de Vigo, fueron la vanguardia de estas transformaciones. Así, Vigo concentraba en 1932 al 46 % de los tripulantes de la flota industrial. Ese mismo año, el 68 % de trabajadores de la pesca industrial tenían su base en cinco puertos, el mencionado más los de A Coruña, Marín, Ribeira y Cangas, cuatro de ellos en las Rías Baixas.

El desarrollo de la pesca industrial no supuso ni mucho menos la desaparición de la pesca artesanal de barcos a remo y vela, que seguía siendo la predominante en las primeras décadas del siglo xx y en particular en los puertos de tamaño mediano y pequeño diseminados por todo el litoral gallego. En 1932, todavía el 55 % de los tripulantes estaban enrolados en embarcaciones artesanales que se encontraban en pleno proceso de cambio hacia la pesca semiindustrial.

El asociacionismo marinero en la Galicia del primer tercio del siglo xx

En 1864 se producía la desaparición forzosa de los Gremios de Mar, cuya principal función era la benéfica (socorros). Con su liquidación, la capacidad asociativa del mundo marinero quedó muy limitada durante las últimas décadas del siglo xIx. Su lugar lo intentaron ocupar tímidamente algunas iniciativas del catolicismo social auspiciadas por personalidades como Alfredo Brañas o Díaz de Rábago, quienes fomentaron asociaciones de marineros de vocación confesional dotadas de una triple función: mutualista, cooperativa y crediticia. Se trataba de un modelo de asociacionismo confesional y mixto, conformado por pequeños armadores y marineros que pretendían frenar en el mar —como en tierra— la penetración del sindicalismo de clase.

Hacia 1895 se abre una nueva etapa que llega hasta 1910 (Pereira, 1992: 158-162), consecuencia del desarrollo inicial de la industria pesquera en el sur de Galicia y de la introducción de un nuevo tipo de relaciones laborales (industriales) en el marco de la propia evolución experimentada por el sistema capitalista en el ámbito de las actividades económicas marítimas (Pereira, 2024: 307-346). Así, entre 1899 y 1901 se fundan una treintena de sociedades marineras a lo largo de la costa gallega, de manera destacada en puertos de las provincias de Pontevedra y A Coruña. Aunque se trata de sociedades que organizan los intereses de los marineros de un determinado arte de pesca o que presentan una naturaleza mutualista, comienzan a mostrar cada vez más claramente rasgos de clase, producto de la influencia directa del societarismo agrario y obrero en pleno proceso de expansión en la Galicia del momento.

De hecho, en algunos de los principales puertos pesqueros, como en Vigo, Marín o Pontevedra, estas sociedades mantenían vínculos con las respectivas federaciones obreras locales de signo socialista o republicano. Su componente de clase se aprecia sobre todo en su oposición a los intereses de la pujante burguesía conservera de las Rías Baixas, que había experimentado un notable crecimiento como consecuencia de la introducción de nuevas técnicas pesqueras. Por lo tanto, la paulatina implantación de un nuevo tipo de relaciones laborales en el sector está en la raíz del surgimiento de unas primeras sociedades de resistencia en la pesca.

Siguiendo a Pereira (1992: 161-162), a la altura de 1910 ya se puede definir un conjunto de rasgos que caracterizan al asociacionismo marinero en Galicia.

Más allá de un retraso de tres decenios en la llegada del asociacionismo de clase al mar con respecto a lo acontecido en tierra, por la inexistencia hasta esta epata de un verdadero proletariado marinero, la progresiva implantación de un tipo de relaciones laborales capitalista conducirá a una primera escisión entre armadores y tripulantes que tan solo tiene lugar en los puertos más importantes de las Rías Baixas, Vigo y Marín, y en el puerto de A Coruña.

Sin embargo, durante este periodo, la pesca artesanal continuó siendo claramente mayoritaria, lo que se traducía a su vez en el predominio en casi todos los puertos de un asociacionismo mixto en el que la identificación en un mismo individuo de las condiciones de patrón y marinero era algo habitual. Las sociedades marineras se seguían encargando de representar a los marineros de un mismo arte y la forma de retribución más habitual era «a la parte».[4] Es interesante destacar que, de cara al futuro, la pervivencia de la pesca artesanal tendrá efectos diversos, contradictorios (Pereira, 1992: 161), en la conflictividad laboral del sector pesquero, pues podría llevar tanto a la insolidaridad y al debilitamiento de las reivindicaciones de clase como servir de mecanismo de supervivencia para los marineros asalariados en el marco de huelgas y otros conflictos con la patronal (armadores). Las principales tensiones laborales del periodo tuvieron que ver con la reivindicación del descanso semanal (dominical); los incrementos salariales o en las «partes»; el pago de las tareas realizadas en tierra, el reconocimiento sindical o el control de los sistemas de contratación. Se trata de una agenda que permanecerá estable en lo esencial hasta 1936.

Durante esta etapa las sociedades de oficio características de tierra se extienden al mar, ya sean asociaciones de marineros «a la parte» como de tripulantes asalariados de los vapores, con su división en ocasiones entre asociaciones de fogoneros, maquinistas y marineros. En todo caso, hay que señalar también la importancia de la interdependencia entre las profesiones de mar y tierra que formaban parte del ámbito más amplio de la industria pesquera, lo que con frecuencia provocaba que los conflictos protagonizados por las diferentes sociedades obreras con presencia en un puerto arrastraran consigo la solidaridad de todo el universo asociativo local, más allá, en ocasiones, de la existencia de contradicciones de clase en los intereses que perseguían unas y otras.

Entre 1910 y 1930 (tercera etapa), la extensión de las nuevas técnicas de pesca y de las relaciones laborales a ellas vinculadas, llevó al sindicalismo marinero

---

[4] El salario «a la parte» hace referencia a una participación preestablecida sobre el valor bruto de los desembarcos, una vez deducidos ciertos gastos ligados a los costes de operación o comercialización, el llamado Monte Mayor (Giráldez, 1996: 382).

de clase a expandirse desde sus núcleos originarios (Vigo, Marín y Pontevedra) a muchas otras poblaciones pesqueras de las Rías Baixas. Alrededor de los años de la Primera Guerra Mundial, coincidiendo con una coyuntura de intensa conflictividad protagonizada por los marineros de los novedosos vapores y motoras, la ideología socialista se extendió entre las sociedades marineras de un buen número de puertos de las Rías Baixas, dando lugar a la creación de la Federación Regional de Obreros de la Industria Pesquera de Galicia, el primer intento de coordinación del sindicalismo de clase en el mar. Con trece asociaciones adheridas en el litoral de la provincia de Pontevedra y el sur de la de A Coruña, se dedicó, entre otras tareas, al asesoramiento de las sociedades marineras en conflicto (Pereira, 1992: 162-163).

Más o menos al mismo tiempo, en A Coruña, la Confederación Nacional del Trabajo (CNT) local organizó en 1915 los diferentes oficios presentes en el puerto en una sola sociedad: la Sociedad de Marineros, Fogoneros y Patrones El Despertar Marítimo, que se consolidó durante la década de 1920 y fue ampliando su influencia a los pequeños puertos vecinos. La dictadura de Primo de Rivera frenó estas dinámicas expansivas, si bien las organizaciones anarquistas de A Coruña y entonces también de Vigo consiguieron mantenerse activas y extender su influencia a poblaciones como Pontevedra, Marín y Ribeira, fundando en 1926 la Federación Regional Marítima, que englobaba a todas aquellas profesiones vinculadas al mar.

Otros actores de las comunidades costeras verían el sindicalismo marinero de clase como una amenaza que era imprescindible frenar. Así, los armadores, las autoridades y la Iglesia, en la estela del interclasismo social-católico, intentaron explotar las contradicciones de clase animando a los pequeños armadores a abandonar las sociedades marineras y constituir las suyas propias, poniendo al frente de las mismas a dirigentes de orden y dotándolas de una orientación corporativa de armonización de capital y trabajo. Simultáneamente, los armadores de los vapores y motoras de la pesca industrial se organizaron en poderosas asociaciones patronales (Pereira, 1992: 164-165).

La intensa conflictividad laboral vivida, también en el mar, en los convulsos años de la guerra europea y la inmediata posguerra (1914-1920) llevó a estos sectores a ensayar un modelo asociativo alternativo que tendría un notable éxito: los pósitos de pescadores (Ansola, 2021: 81-135; Pereira, 2024: 318). Tomando como referente las antiguas cofradías de pescadores, los pósitos se definían como asociaciones cooperativas de armadores y marineros que perseguían la mejora de las condiciones de vida de sus socios y familias por medio del establecimiento de seguros y socorros, la educación; animando a los asociados a convertirse en propietarios de sus embarcaciones, a la compra colectiva de equipamientos o a la adopción de nuevas técnicas de pesca. Incluso pretendían que los marineros comercializaran directamente sus capturas prescindiendo de intermediarios, lo que nunca llegarían a conseguir plenamente.

La creación de los pósitos partió de las autoridades de Marina, siendo su principal promotor y propagandista el capitán de corbeta Alfredo Saralegui. Los pósitos se financiaban mediante las cuotas de los socios, pero también a través de la Caja Central del Crédito Marítimo del Ministerio de la Marina, embrión del futuro Instituto Social de la Marina (ism), al que dedicaremos en este trabajo una particular atención como entidad constructora de vivienda social durante el franquismo.

El primer pósito existente en el litoral español se fundó en Cambados (Pontevedra) a finales de 1917. La dictadura de Primo de Rivera, de manera acorde con su naturaleza corporativa, animó a la creación de pósitos en todo el Estado. En Galicia, en 1925 nacía una Federación Gallega de Pósitos Marítimos que a la altura de la Segunda República contaba con alrededor de sesenta pósitos asociados —el 25 % de los existentes en el Estado— y alrededor de 7500 afiliados (Pereira, 2014: 116).

Los pósitos tuvieron una mayor implantación en aquellos puertos de pequeña escala en los que predominaba la pesca artesanal. En estos espacios, su labor social y mutualista fue importante para mejorar las condiciones de vida de los marineros, impulsando nuevas infraestructuras portuarias —puertos, muelles, lonjas, etc.— y sobre todo animando a la creación de escuelas. Uno de nuestros casos de estudio, Cariño, es un buen ejemplo de ello.

El Pósito de Pescadores de Cariño se constituyó en mayo de 1923. Contaba desde mediados de la década de 1920 con una bolsa de trabajo, una sección de socorros mutuos —asistencia médico-farmacéutica, seguro de muerte, seguro de paro, dietas por enfermedad, etc.— con su homóloga femenina desde 1932 y una sección de ventas. El pósito estableció en 1924 una escuela para hijos de marineros que fue completada con un comedor benéfico. La institución se mostró también muy activa durante los años veinte y treinta en apoyo de la reivindicación local de un puerto seguro, tanto para el abrigo de las embarcaciones como para la descarga en muelle de pescado y otras mercancías (Piñeiro de San Miguel y Gómez Blanco, 2001: 96-102). La Guerra Civil paralizó un proyecto que estaba próximo a iniciarse y que solo se retomó a mediados de siglo, al que, como a otras de las funciones del pósito, dio continuidad la nueva cofradía de pescadores a partir de su constitución en 1943 (Piñeiro de San Miguel y Gómez Blanco, 2001: 106-120).

La implantación de pósitos fue mucho más dificultosa allí donde ya existían previamente sociedades de clase que agrupaban a marineros y otras profesiones del sector marítimo. Es decir, como ya sabemos, fundamentalmente en aquellas poblaciones con un importante desarrollo de la pesca industrial.

Finalizaremos este repaso a la situación del asociacionismo marinero antes de la Guerra Civil dedicando unas líneas a su situación en Galicia durante los años de la Segunda República.

Durante este periodo, facilitado por la nueva coyuntura política y por el avance de la pesca semiindustrial, tiene lugar un acelerado incremento de la afiliación a los sindicatos de clase y una importante intensificación de la conflictividad social y laboral cuyas causas son similares a las descritas para las décadas previas (Pereira, 1992: 167-172). Aunque la conflictividad se concentra en los principales puertos industriales —Vigo, A Coruña, Marín, Cangas, Moaña y Ribeira—, los trabajadores de estos van a ser capaces de imponer progresivamente su agenda reivindicativa a pescadores y otros trabajadores de los puertos artesanales de menor tamaño, gracias a las numerosas formas de interacción económica y laboral entre el conjunto de puertos pesqueros.

La anarquista (CNT) Federación Regional de Industria Pesquera va a tener un protagonismo casi absoluto durante los años republicanos, alcanzando la cifra de 11 500 trabajadores sindicados en toda Galicia en 1932. Así, es capaz de asociar a casi el 20 % de los marineros, siendo esta, sin duda, la rama de actividad económica de implantación más exitosa del sindicalismo anarquista. Entre los principales sindicatos de la federación cabe mencionar al Sindicato de la Industria Pesquera (SIP) de Vigo, con 2200 socios en 1932, el SIP de Marín, con 1600, el veterano Despertar Marítimo de A Coruña con 1500 o los sindicatos anarquistas de Cangas y Moaña, que se movían en cifras parecidas.

Según avanzó el periodo republicano, la organización confederal anarquista fue sumando nuevos sindicatos en casi todos los puertos de las provincias de Pontevedra y A Coruña y en algunas localidades costeras de Lugo. Además, la CNT gallega, para responder a la cada vez mayor complejidad organizativa (especialización) de los puertos en el marco de un esquema industrial, promovió la superación del viejo modelo de sociedades de oficio y lo sustituyó por una federación de industria que agrupaba a todas las profesiones relacionadas con la pesca con la finalidad de optimizar la eficacia de la estrategia sindical en el marco de los conflictos.

La conflictividad social y laboral experimentada por el sector pesquero gallego durante el periodo republicano ha sido sintetizada por Pereira (1992: 170-172) en sus aspectos esenciales: a) se centra en los marineros enrolados en vapores y motoras, y en unos motivos que son recurrentes desde principios del siglo XX, si bien entonces los enfrentamientos son más generalizados e intensos; b) la práctica de la solidaridad obrera en el marco de los conflictos laborales alcanzó una escala territorial (portuaria) superior e involucró activamente a los trabajadores de las profesiones vinculadas en tierra a la pesca; c) la conflictividad de clase de los marineros consigue por vez primera implicar a toda la ciudadanía, polarizando en torno de armadores o sindicatos a villas y ciudades enteras, como sucedió por ejemplo en Vigo con la huelga de los marineros y el cierre de la patronal pesquera durante la segunda mitad de 1932. Esto mismo sucederá en estos años en algunos de los puertos de los que se ocupa nuestra investigación, como en Ribeira o en Cariño.

En conclusión, y siguiendo a nuestro autor de referencia para el tema (Pereira, 1992: 172): «el sindicalismo marinero de clase era una fuerza social de primer orden en las ciudades y villas costeras gallegas cuando estalla la Guerra Civil».

Guerra Civil y posguerra: de la represión del sindicalismo marinero al encuadramiento obligatorio en las rehabilitadas cofradías de pescadores

Como a continuación desarrollaremos, el golpe de Estado de julio de 1936 y la posterior Guerra Civil (1936-1939) alteraron absolutamente el panorama asociativo en el sector pesquero, particularmente en todo lo relativo al desde entonces proscrito y perseguido asociacionismo de clase marinero y a la dinámica de las relaciones entre patronal y trabajadores, en las cuales el conflicto de clase fue directamente sustituido por la represión.

En primer lugar, las organizaciones de la patronal pesquera y conservera se pusieron desde un principio y sin ningún tipo de reserva del lado de los militares sublevados, en particular en aquellos puertos con una implantación significativa de la pesca industrial. En los de menor tamaño, todavía a caballo entre la pesca artesanal e industrial, la adhesión al golpe de los pequeños armadores de bajura fue menos entusiasta. Estas organizaciones patronales siguieron funcionando con libertad hasta su integración obligatoria en los nuevos sindicatos verticales del régimen, adscritos política y organizativamente a la estructura del partido único, FET y de las JONS.

Las patronales pesquera y conservera no recibieron con alegría su sindicación obligatoria en la Central Nacional Sindicalista (CNS) inicialmente y más adelante en el Sindicato Nacional de Pesca (SNP), pues no deseaban ningún tipo de interferencia ni en la determinación de sus prioridades en materia empresarial ni en el trato con la mano de obra que empleaban, por completo desamparada a causa de la ilegalización y represión de los sindicatos de clase y de sus dirigentes. Al igual que en otros sectores de actividad económica, las organizaciones patronales lograron mantener un amplio grado de autonomía de acción con respecto de las estructuras sindicales del partido único, que por otra parte recurrieron con frecuencia a personalidades en la órbita de la patronal para ocupar puestos de dirección en los diversos niveles del sindicato vertical —nacional, provincial y local—.

Por otra parte, la situación de los sindicatos marineros de clase fue, como es bien conocido (Pereira, 2014: 112-115), muy distinta. Como hemos visto, la Federación Regional Galaica de la Industria Pesquera (FRGIP) de la CNT era una organización muy activa y poderosa a la altura del verano de 1936. A ella estaban asociados 47 sindicatos que agrupaban a más de 17 000 trabajadores. El resto del sindicalismo de clase marinero lo componían en Galicia en aquel momento un número reducido de asociaciones bajo la influencia de la UGT o del PCE.

Los marineros de la flota industrial —de altura y sardinera— fueron el sector más perseguido por las autoridades franquistas, justo por detrás del proletariado terrestre. Cerca de 1200 sufrieron durante los tres años de guerra diferentes tipos de represalias —muerte, desaparición, detención, proceso en Consejo de Guerra, etc.—, lo que representa cerca de un 10 % de las víctimas del periodo (Pereira, 2010: 313-314).[5] Alrededor de 130 cuadros sindicales anarquistas de la FRGIP fueron asesinados durante los años de la contienda. Los pescadores de la flota artesanal fueron, en cambio, reprimidos con menor intensidad (Pereira, 2014: 112-113).

Podemos aportar algunos ejemplos de cómo la represión sobre el sindicalismo marinero de clase se concretó en los cinco puertos objeto de investigación en esta obra.

En Ribeira, que como hemos señalado era ya un puerto industrial cuando se produjo la sublevación militar de julio de 1936, seis miembros del comité local que dirigió el ayuntamiento desde el 18 de julio, entre ellos tres sindicalistas vinculados a la CNT y otro más a la UGT, fueron fusilados en Santiago de Compostela. Otro grupo de marineros anarcosindicalistas, junto con dos trabajadoras de la industria conservera local tuvieron que recorrer la población con el pelo rapado acompañados de una fanfarria falangista de tambores y trompetas (Pereira, 2010: 302). Ya en los días inmediatamente posteriores al golpe (22 y 23 de julio), militantes políticos de todas las tendencias republicanas y de izquierda protagonizaron un frustrado intento de fuga en un bou. Mejor fortuna tendría un año después (30 de julio de 1937) el vapor bonitero Ramón Correa, que aprovechó una recalada en su puerto base (Ribeira) para poner rumbo a Brest con sus dieciséis tripulantes a bordo (Pereira, 2010: 474).

[5] Según la base de datos del «Proyecto de Investigación Interuniversitario As Vítimas, os Nomes, as Voces, os Lugares», al menos 312 marineros con vecindad en Galicia murieron entre el verano de 1936 y el final de la Guerra Civil, de los que alrededor de un 40 % eran militantes anarquistas de la Federación Regional Galaica de la Industria Pesquera (FRGIP). Más de doscientos marineros fueron objeto de ejecuciones extrajudiciales y otros veinte constan como desaparecidos, en su mayor parte fondeados en el mar. Al menos 859 marineros fueron sometidos a un Consejo de Guerra, en tanto que otros 167 fueron objeto de diferentes represalias (Pereira, 2010: 313-314). Todo ello sin contar los pescadores detenidos con carácter de gubernativos ni aquellos a los que se les incoaron expedientes de responsabilidad civil, que con frecuencia terminaron con la confiscación de patrimonio o medios de trabajo o con la imposición de multas.

En A Coruña —ciudad que contaba con 12 000 afiliados a la CNT antes del golpe de Estado militar, más de 2000 de ellos trabajadores del mar (Fontán, 2020: 118)—, la militancia del Sindicato de Industria Pesquera (SIP) local logró en cierta medida evitar la oleada de asesinatos del verano y el otoño de 1936 y constituir una red clandestina dedicada a la organización de numerosas fugas por mar de sus militantes y simpatizantes en los siguientes meses. Con todo, en esos mismos meses está documentada la desaparición de un militante y el asesinato de otros tres (Pereira, 2010: 305-306).

En el caso de Ares, Suárez (2002: 192-193) informa de la ejecución de dieciséis personas domiciliadas en el municipio. Aunque la violencia golpista se focalizó especialmente en la agrupación socialista local, este autor recoge el asesinato de un marinero afiliado a Izquierda Republicana, apresado en la escollera del puerto, y de dos trabajadores de la construcción naval de afiliación socialista. En el caso aresano, ya finalizada la Guerra Civil, el 20 de julio de 1939, un grupo de veintisiete militantes socialistas y anarquistas de la comarca de Ferrolterra asaltaron el bou Ramón y pusieron rumbo al puerto francés de La Rochelle (Barrera y Fernández, 2018).

En Cariño, sin embargo, la secuencia de los hechos fue la contraria. El 23 de julio de 1936 zarpaba con 38 personas a bordo el bonitero Arkale con dirección al puerto francés de Saint Nazaire. La mayoría de los tripulantes eran miembros del potente Sindicato de Industria Pesquera (SIP) y de la agrupación local de Izquierda Republicana. Esta fuga marítima se empleó como disculpa para la venganza perpetrada por los falangistas locales y otros apoyos sociales a los golpistas, entre ellos varios armadores y conserveros. Como resultado, once hombres de Cariño vinculados al colectivo marinero fueron pasados por las armas en el castillo de San Felipe de Ferrol el 6 de septiembre de 1936 (Pereira, 2010: 307-308). Estos asesinatos sirvieron de advertencia a otros marineros cenetistas de la comarca, cuatro de los cuales se fugaron desde Espasante (Ortigueira) en el vapor Ramón Galdo en octubre de 1936, arribando al puerto de Gijón el día 21 de ese mes (Pereira, 2010: 307-308).

La violencia ejercida sobre líderes y cuadros sindicales se completó con la ilegalización de sus organizaciones y la incautación de sus bienes, fondos monetarios, documentación y sedes en el otoño de 1936. Los locales sindicales pasaron a ser de titularidad estatal y acabaron en muchos casos dotando de un patrimonio inmobiliario a los sindicatos verticales y a otras instituciones del régimen que establecieron sus sedes en ellos, con todo el significado simbólico de esta apropiación.

Las pretensiones de totalidad, unidad y jerarquía de los dirigentes del nacional-sindicalismo falangista alcanzaron tras la sublevación también a los pósitos de pescadores, depurando a aquellos de entre sus dirigentes conceptuados como «izquierdosos» y clausurando algunas instituciones a lo largo de la costa gallega, si bien la mayoría de pósitos consiguió sobrevivir hasta su conversión en cofradías sindicales de pescadores y su integración por ley del 31 de marzo de 1943 en el Sindicato Nacional de la Pesca. Pereira (2014: 119), a partir de una muestra de diez cofradías procedentes de antiguos pósitos, detecta la continuidad de miembros de sus Juntas de Gobierno antes y después de la celebración de las primeras elecciones sindicales de octubre de 1944 y concluye que a través de los pósitos el franquismo habría contado con la adhesión de cuadros militantes y de una cierta base social que fueron relevantes para la implantación de la política pesquera del Nuevo Estado.

La dictadura, como en el resto de los sectores de actividad económica, construyó también en el pesquero sus propias estructuras institucionales, incluidas las sindicales. Desde 1943 los pescadores fueron encuadrados de manera obligatoria en las recuperadas cofradías de pescadores creadas en cada uno de los puertos del litoral, que a su vez formaban parte del Sindicato Nacional de la Pesca (SNP). El retroceso en las condiciones laborales de los trabajadores del mar con respecto a las décadas de preguerra fue inmenso: los marineros desde el mismo comienzo de la guerra quedaron a merced de los intereses y de las decisiones de la patronal pesquera. De hecho, la dictadura actuó en permanente connivencia con los intereses empresariales, puesto que no ponía grandes impedimentos a la vulneración por estos de su propia legislación laboral.

Con todo, y como sucedió en otros sectores de actividad, como en el caso del sindicalismo agrario vertical (Lanero, 2011), en las décadas de posguerra es posible rastrear la presencia de algunos antiguos dirigentes cenetistas en puestos de responsabilidad en el Sindicato Nacional de la Pesca o en sus filiales provinciales y locales, un comportamiento que puede oscilar entre la autoprotección personal, el oportunismo político o la defensa, en la medida de lo posible, de los intereses de los asalariados del mar.

Los antecedentes políticos de una parte significativa de los marineros como colectivo profesional los convirtieron, junto a otros sectores profesionales, como los mineros o los trabajadores portuarios, no solo en víctimas de la represión franquista, sino también en objetivo predilecto de algunas de las principales políticas sociales del régimen, como la previsión social o la política de vivienda (Molinero, 2005 y 2006; Benito, 1993; Ibarz, 1993). Resultaba necesario, por lo tanto, «[d]esintoxicar a los hombres de buena fe que han bebido el veneno marxista al amparo de leyes desmoralizadoras» (Díez de Rivera, 1948: 48, en Ansola, 2008: 100). En realidad, en la interpretación que hacían jerarcas franquistas como Díez de Rivera o Lledó, la militancia previa a la Guerra Civil de la gente del mar en organizaciones anarquistas o de inspiración marxista no había sido realmente consciente, sino producto de su bondad e ignorancia: «entre pescadores, por ser gente ignorante y de mucho corazón, las ideas extremistas tienen campo abonado para prender» (Díez de Rivera, 1940: 48, en Ansola, 2008: 100).

De hecho, en una interpretación interesada y deformada de la creación de Saralegui, el marqués de Valterra entendía que los pósitos de pescadores, a pesar de su naturaleza corporativa, habían sido penetrados durante la Segunda República por la ideología marxista e incitado a la lucha de clases. Todo ello guardaba también relación con su carácter laico. La solución residía, como ya hemos visto, en rehabilitar las tradicionales cofradías de pescadores en su condición de entidades pensadas para tutelar a los marineros y sus familias en los planos moral, político, educativo e higiénico (Ansola, 2008: 99-100). De manera coherente con los principios del régimen, las cofradías fueron además imbuidas de un componente marcadamente católico, al vincularlas a una advocación religiosa, ya fuese un santo o una santa, una virgen, etc.

El sector pesquero y la política autárquica del franquismo

En plena posguerra, en un marco de aislamiento político internacional y de escasez material —derivado el primero de la íntima proximidad del franquismo a las potencias del Eje durante la Segunda Guerra Mundial y la segunda, de las disfunciones provocadas por la apuesta autárquica de la dictadura—, las autoridades con competencias sobre el sector pesquero enarbolaron a lo largo de la década de 1940 un exagerado discurso sobre las posibilidades productivas de los mares.

Así, el flamante presidente del ISM Pascual Díez de Rivera (Díez de Rivera, 1947: 544, en Ansola, 2008: 98) consideraba: «El mar no se puede arrasar, no se puede asolar, no se puede desbaratar, es indestructible […], el mar es despensa mundial, vivero de riqueza incalculable, vivero inagotable».

Los textos propagandísticos del marqués de Valterra fueron a su vez reforzados por las aportaciones de uno de sus más estrechos colaboradores: el abogado José Lledó Martín, delegado instructor de Trabajo y oficial del propio ISM, quien a la supuesta inagotable producción de los océanos añadía la errónea afirmación de la absoluta libertad en el acceso a los recursos de estos.

Así, el hambre de posguerra, perpetuado por la obcecada decisión política de intervención de la economía agraria y del abastecimiento alimentario de la población (racionamiento) podía ser eficazmente combatido a través de la pesca, reivindicada como sector estratégico de la economía nacional. Coherentemente con los planteamientos de esta retórica autárquico-pesquera, el pescado era un «alimento magnífico, altamente nutritivo, sano, popular, barato e inagotable» (Díez de Rivera, 1940: 6, en Ansola, 2008: 99).

En síntesis, la política pesquera quedaba perfectamente alineada con los planteamientos y la caótica praxis autárquica del régimen durante la década de 1940 y buena parte de la siguiente. Esta pesca autárquica debe ser identificaba durante los años cuarenta, fundamentalmente, con la pesca de bajura.

A partir de la década de 1950 la dictadura franquista va a poner el foco en un modelo de pesca intensiva llevado a cabo en mares muy lejanos, lo que dará lugar a un importante incremento de las flotas de altura y gran altura (Giráldez, 1996: 369-378; Giráldez, 2024: 267-272).[6] En palabras de Ansola (2008: 102), la política social pesquera de la posguerra fue dando paso entonces a una nueva propaganda oficial que exaltaba las grandes cifras generadas por un nuevo «desarrollismo pesquero», como, por ejemplo, las Toneladas de Registro Bruto (TRB) alcanzadas por la flota española.

Vivienda marinera en la posguerra

Uno de los principales motivos para la definición de una política específica de vivienda social para los marineros por parte de la dictadura franquista estuvo en la situación de carestía y pésimas condiciones de la vivienda que sufrían la mayor parte de los puertos pesqueros del país: viviendas insalubres, muy pequeñas, sin iluminación ni ventilación y en las que el hacinamiento de sus habitantes resultaba la norma. Además, las viviendas no disponían de espacios adecuados para almacenar herramientas y prendas de trabajo, que se guardaban en las propias casas, provocando emanaciones salinas y malos olores que contaminaban su atmósfera interior (Muñoz, 2021: 100).

Como es bien conocido, esta situación no era en absoluto novedosa, existían numerosas voces —y alguna iniciativa aislada—, en el contexto de las corrientes higienistas, que habían venido alertando de esta realidad a la opinión pública desde las primeras décadas de la centuria (Rodríguez Santamaria, 1923).

El franquismo va a revestir el problema de la vivienda marinera con sus propias aportaciones ideológicas. Las familias de labradores y pescadores eran para el régimen un modelo ideal —e idealizado— de virtud; un ejemplo a imitar por sus supuestos valores cristianos, su dedicación al trabajo y su habitualmente elevado número de miembros —familias numerosas— (Muñoz, 2021: 101-102). Además, en

---

[6] En lo que respecta a nuestra investigación, este cambio de modelo pesquero también se va a ver reflejado en la política de vivienda social de la dictadura. Así, el grupo Alcalde Mayor del Mar Francisco Franco de A Coruña, cuya construcción se inició en 1975, estaba destinado a marineros de pesca de altura/gran altura y a sus familias.

el caso de los marineros no podemos obviar la condición de pescadores de varios de los discípulos de Jesucristo, empezando por san Pedro.

Al igual que con otros colectivos profesionales considerados *a priori* como políticamente desafectos por parte de la dictadura, el objetivo, más allá de despolitizarlos y desproletarizarlos, era arrebatarlos de la insalubridad y la inmoralidad de las tabernas, fuente de enfermedades como el alcoholismo, la tuberculosis o la sífilis, y reubicarlos en nuevas casas, sanas y acogedoras, construidas por el régimen. De este modo, y de acuerdo con la ideología franquista de familia y de género, se pretendía crear hogares con un estándar moral más elevado, alegres y dignos para todos los miembros de la familia, pero muy especialmente para las mujeres de los marineros, teniendo en cuenta la voluntad política —nunca cumplida en el caso de las familias marineras— de recluir a las mujeres en la esfera de la domesticidad (Muñoz, 2021: 100).

Con estas premisas, tanto la Dirección General de Arquitectura (DGA), con el arquitecto falangista Pedro Muguruza Otaño (1893-1952) al frente, como el ISM bajo el mando de Pascual Díez de Rivera, marqués de Valterra, impulsaron desde comienzos de la década de 1940 un programa específico de construcción de viviendas sociales para marineros.

Los primeros pasos correspondieron a la DGA, con el proyecto de redacción (1941) de un Plan Nacional de Mejoramiento de la Vivienda en los Poblados de Pescadores, que dio lugar a la edición de tres volúmenes entre los años 1942 y 1946. La primera fase del plan consistió en la recogida sistemática de información relativa a la situación de la vivienda marinera en todos los puertos del litoral español. Estos datos servían tanto para valorar el número de viviendas que era necesario construir en cada puerto como para determinar cuáles otras podrían ser reaprovechadas y mejoradas. La segunda fase implicaba definir el plan de actuaciones a realizar (La Spina, 2021: 187).

Las soluciones aplicadas por la Dirección General de Arquitectura partían de una serie de elementos comunes que después se podrían adaptar a cada uno de los casos particulares. De cualquier modo, en todas las propuestas se pretendía acometer el conjunto de necesidades del núcleo urbano: iglesia, tiendas, escuela, dispensario médico, lugares de reunión, etc., dando lugar a un auténtico «poblado de pescadores». Como veremos a lo largo de las siguientes páginas, durante el franquismo se construyó un número muy limitado de poblados de pescadores, y los finalmente realizados se quedaron muy lejos de cumplir con las expectativas que las instituciones del régimen habían creado alrededor de los mismos.

Los poblados de pescadores

Aunque se proyectaron poblados pesqueros a lo largo de toda la costa española, se decidió comenzar por la construcción de los previstos para el litoral norte peninsular, entre los que se encontraban varios ubicados en Galicia. Entre los años 1942 y 1953, la *Revista Nacional de Arquitectura* dio cuenta regularmente a través de sus páginas de dieciocho proyectos y anteproyectos de viviendas de pescadores. No todos ellos se llevaron a término, pero, en cambio, con seguridad bastantes otras iniciativas de menores dimensiones se ejecutaron en diferentes poblaciones costeras.

Año	Número de la revista	Título del artículo
1942	10-11	Poblado, residencia de pescadores, Fuenterrabía
1942	10-11	Poblado de pescadores, Maliaño
1942	10-11	Anteproyecto de poblado de pescadores: Pasajes de S. Juan, Pasajes de S. Pedro, Orio, Guetaria, Motrico
1943	21-22	Poblado de pescadores en Moaña (Pontevedra)
1943	21-22	Viviendas protegidas en Bueu (Pontevedra)
1943	21-22	Poblado de pescadores en Lequeitio
1943	21-22	Poblado de pescadores en Cambados (Pontevedra)
1943	21-22	Viviendas protegidas en Tarifa (Cádiz)
1943	21-22	Viviendas protegidas en Puerto de Santa María (Cádiz)
1944	35	Viviendas para pescadores en el Puerto del Son (Coruña) y Villa Juan (Pontevedra)
1945	42	Proyecto de poblado de pescadores en Sanlúcar de Barrameda (Cádiz)
1945	42	Poblados marítimos en Pontevedra
1947	64	Grupo de casas para pescadores en Fuenterrabía
1949	89	Casa del pescador en Cartagena (Murcia)
1951	116	Viviendas de pescadores en Tarragona
1953	135	Viviendas de pescadores en el Perellonet (Valencia)

Tabla 1. Proyectos de poblados y viviendas para pescadores publicados en la *Revista Nacional de Arquitectura* (Dirección General de Arquitectura) entre 1942 y 1953. Fuente: elaboración propia a partir de V. La Spina (2021: 189).

En el caso gallego, en la provincia de Pontevedra la revista de la DGA informa de futuros poblados de pescadores en Moaña, Cambados y, aparentemente, un tercero en la capital provincial, así como de viviendas para pescadores en Bueu y Vilaxoán

POBLADO DE PESCADORES EN CAMBADOS (PONTEVEDRA)

Imagen 1. Poblado de pescadores en Cambados (Pontevedra). Fuente: *Revista Nacional de Arquitectura*, 21-22, 1943.

POBLADO DE PESCADORES EN MOAÑA (PONTEVEDRA)

Imagen 2. Poblado de pescadores en Moaña (Pontevedra). Fuente: *Revista Nacional de Arquitectura*, 21-22, 1943.

(Vilagarcía de Arousa). Para la provincia de A Coruña no hay referencias a proyectos de poblados, pero sí a un grupo de viviendas en el municipio de Porto do Son. No hay proyecto o anteproyecto alguno para la provincia de Lugo. De cualquier manera, la muestra sólo llega hasta 1953.

POBLADOS MARITIMOS EN PONTEVEDRA

Imagen 3. Poblados marítimos en Pontevedra.
Fuente: *Revista Nacional de Arquitectura*, 42, 1945.

Las viviendas sociales de los cinco estudios de caso de la provincia de A Coruña que analizamos en esta obra —Ribeira, Ares, A Coruña, Cariño y Espasante— fueron construidas con posterioridad a ese año, así como algunos otros grupos no examinados aquí, pero de cuya fecha de edificación tenemos constancia.

Bajo la supervisión de la DGA y del INV, los primeros grupos de viviendas para marineros fueron construidos —como gran parte de la vivienda social bajo la dictadura— por la Obra Sindical del Hogar y Arquitectura (OSH), dependiente de la Delegación Nacional de Sindicatos de FET-JONS. En 1945, con su reconocimiento legal como entidad constructora, el ISM pasó a encargarse tanto de la construcción como de la supervisión de las viviendas para marineros.[7] En realidad, esto no significó ni mucho menos la retirada de la OSH. De hecho, en la construcción de viviendas sociales para marineros, al igual que en la construcción de vivienda social, fue necesario el concurso de múltiples instituciones públicas estatales, como el Instituto Nacional de la Vivienda (INV), provinciales (diputaciones), locales (ayuntamientos y patronatos municipales) y con frecuencia de las propias cofradías de pescadores[8] (Ansola, 1992: 256).

---

[7] El ISM fue reorganizado en 1938 (decreto de 2-6-1938) dentro del Ministerio de Industria y Comercio con un nuevo director al frente, Pascual Díez de Rivera (marqués de Valterra), que permanecería en el cargo hasta 1952. Díez de Rivera se sumó a los golpistas estando destinado en la Comandancia de Marina de San Sebastián. El ISM experimentó una nueva reorganización en 1941. La ley de 18-10-1941 crea una nueva Caja Central de Crédito Marítimo y Pesquero dentro del Ministerio de Trabajo.

[8] De manera puntual se pueden encontrar entre las entidades promotoras y/o constructoras a empresas privadas vinculadas a la pesca o al sector de las actividades marítimas.

Delegación del ISM	Número de grupos	Número de viviendas
Alicante	3	108
Almería	4	198
Barcelona	8	335
Cádiz	11	1070
Cartagena	1	62
Castellón	3	178
Ceuta	2	86
Coruña, A	3	610
Gijón	8	454
Guipúzcoa	7	338
Huelva	8	496
Las Palmas	5	518
Lugo	4	244
Málaga	3	219
Melilla	1	120
Santander	14	772
Tarragona	7	405
Valencia	7	336
Vizcaya	5	554
Vigo	6	426
Vilagarcia de Arousa	1	40
Total	111	7569

Tabla 2. Grupos de viviendas promovidos por el ISM. Fuente: A. Ansola (1992: 257).

Las nuevas atribuciones concedidas al ISM convirtieron a la institución en la supervisora máxima de los proyectos de construcción de vivienda marinera. El ISM centralizaba cada proceso por medio de su Dirección de los Servicios Provinciales e Inspección y de las Ponencias de Vivienda, en tanto que la Sección de Viviendas se encargaba de la relación con los organismos que ejecutarían las obras. De hecho, el instituto tenía la posibilidad de construir directamente —con sus propios arquitectos— o de otorgar subvenciones a las entidades y empresas que acometieran los diferentes proyectos.

En todo caso, es importante no perder de vista que, a lo largo de toda la dictadura, la construcción de viviendas sociales para marineros, sin renunciar a su carácter específico, hubo de respetar el marco legislativo de la política oficial de vivienda, así como adaptarse al trasfondo teórico, técnico e ideológico, del que informó las sucesivas disposiciones legales sobre vivienda.

En este sentido, los poblados de pescadores proyectados durante la inmediata posguerra, en la década de 1940, deben ser interpretados en el contexto de los principios teóricos funcionalistas e higienistas del hábitat mínimo. Las viviendas-tipo construidas para los marineros y sus familias durante la posguerra tenían una superficie de entre 55 y 70 m². Siguiendo las normativas del INV constaban de una pieza central (cocina-comedor), baño completo (con retrete, lavabo y ducha) y entre dos y tres dormitorios.

En varios de los proyectos publicados en la *Revista Nacional de Arquitectura*, significativamente todos ellos ubicados en Galicia (Bueu, Vilaxoán y Porto do Son), se prevé la existencia de espacios específicos para el almacenaje de útiles de pesca. En un mayor número de casos, y a semejanza de lo que sucede en los poblados del Instituto Nacional de Colonización (INC), las viviendas cuentan con pequeñas huertas, cochiqueras o gallineros, atendiendo a la habitual pluriactividad económica de las poblaciones pesqueras.

La fase que podríamos denominar de construcción de poblados de pescadores tuvo una duración breve, entre 1939 y 1947, y unos resultados —en la misma línea que la política general de vivienda de posguerra— pobres, muy alejados de las necesidades reales de vivienda de las familias marineras. El diseño urbanístico de los poblados estuvo muy condicionado por la ideología falangista —y paternalista— de la vivienda. La pretensión, en la línea de lo ya comentado, era conseguir una unión de familia y vivienda que resultara en la creación de auténticos hogares para pescadores que aseguraran la reproducción económica y social de las familias dentro de unas determinadas coordenadas morales.

El poblado de pescadores de Maliaño, en Santander, proyectado por el arquitecto Carlos de Miguel, construido entre 1942 y 1951, fue considerado como el prototipo o ensayo nacional de lo que se pretendía que fueran los poblados de pescadores. Se proyectó en cinco fases: de 84 viviendas y edificios de servicio, 24 viviendas, 162 viviendas y 282 (cuarta y quinta fase), respectivamente. Las dos primeras fases se entregaron en 1946 y la tercera en 1951, la cuarta y quinta no se llegaron a construir. Lo mismo sucedió con parte de los equipamientos previstos, de los cuales finalmente solo se concretaron la iglesia y las escuelas. Además, las viviendas familiares de dos plantas inicialmente previstas fueron sustituidas por bloques de tres plantas. En síntesis, en Maliaño se da la paradoja de que ni tan siquiera en el poblado de

Imagen 4. Poblado de pescadores de Maliaño (Santander).
Fuente: *Revista Nacional de Arquitectura*, 10-11, 1942.

pescadores que más cerca estuvo del concepto de urbanismo falangista se alcanzó un desarrollo pleno del modelo ideal (Ansola Fernández, 1992: 258-260).

Otros ejemplos de poblados de pescadores efectivamente construidos durante la década de 1940 los encontramos en el País Vasco. Por ejemplo en Hondarribia, proyectado por Pedro Muguruza. Un poblado con la característica arquitectura vernácula de la época, conformado por 58 viviendas y seis tiendas, inaugurado —con entrega pública de llaves— con la presencia de múltiples autoridades a comienzos de septiembre de 1946 y efectivamente habitado, a causa de la necesidad de solucionar los numerosos problemas causados por las humedades, en el verano de 1947 (Muñoz, 2021: 116-121). Otro caso interesante es el del poblado de Santurtzi. Un proyecto (1941-1943) de los arquitectos Luis Díaz Tolosana y Carlos de Miguel de 186 viviendas, en su gran mayoría de tipo unifamiliar y con parcela, que en este caso remitían a una arquitectura popular ajena a la costa cantábrica y mucho más en la línea de otras propuestas de viviendas rurales surgidas del INC o de la Dirección General de Regiones Devastadas (DGRD).

Este poblado para pescadores de Santurtzi conectaba bien con otros proyectos que para diferentes municipios industriales de la Ría de Bilbao venía realizando la OSH, ya desde 1939, caracterizados por una formulación antiurbana, su poca altura

Imagen 5. Poblado de pescadores de Maliaño (Santander).
Fuente: *Revista Nacional de Arquitectura*, 10-11, 1942.

y una apariencia vernácula. Los costes más elevados de esta vivienda en dispersión llevaron a que desde la segunda mitad de los años cuarenta los poblados construidos por el ism presentaran mayores densidades y bloques en altura. Muestra de ello serían un segundo poblado en Santurtzi, de 212 viviendas (1948-1952), y el poblado de Pasaia, de 102 viviendas y con la misma cronología (Muñoz, 2021: 125-127).

Para completar la nómina de ejemplos de posguerra, citaremos un caso de la costa levantina: el poblado para pescadores de Cartagena (1947), un proyecto en la línea de arquitectura vernácula local concebido de nuevo por Carlos de Miguel que constaba de 62 viviendas, Casa del Pescador y diez almacenes. Las obras de este poblado promovido por el ism finalizaron en 1955 y fueron entregadas, con notables modificaciones sobre el proyecto original, en el característico acto público propagandístico, el 14 de julio del mismo año (La Spina, 2021: 192-198). En Levante se construyeron otros dos poblados más en la década de 1950, uno en Valencia y otro en Tarragona (La Spina, 2021: 189).

Los poblados de pescadores se caracterizaron en lo urbanístico por su aspecto organizado y cerrado y por la preferencia por las bajas densidades en detrimento de las grandes aglomeraciones. Siguiendo un modelo de barriada fabril, predominaban los bloques de viviendas colectivas de doble crujía de dos o tres alturas que se disponían en espacios amplios y libres, sin tráfico rodado, orientando las viviendas de tal manera que aprovecharan al máximo el sol y pudieran quedar protegidas de los vientos dominantes.

Por lo general los proyectos pretendían crear una plaza central que se convirtiese en espacio de reunión alrededor del cual se irían articulando los diferentes

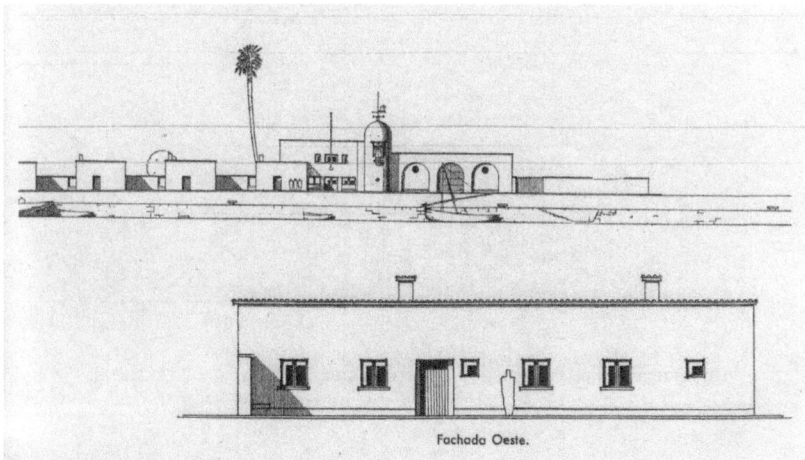

Imagen 6. Viviendas protegidas en Tarifa (Cádiz).
Fuente: *Revista Nacional de Arquitectura*, 21-22, 1943.

servicios y equipamientos con los que se quería dotar a los poblados: la iglesia y las dependencias de la parroquia, las tiendas y almacenes —en algún caso pequeños mercados—, las escuelas con sus campos de juego y, por supuesto, las casas del pescador, de las que luego hablaremos más en detalle, etc.

La construcción de los poblados empezaba siempre por lo más apremiante —las viviendas— y se dejaba para una segunda fase la de los diversos servicios, que en muchos casos no se llegaron a completar, quedando en los rollos de los planos de los proyectos a causa de la falta de suficientes recursos económicos.

Los materiales de las viviendas fueron los tradicionales y las técnicas constructivas, sencillas y elementales, de tal modo que los poblados —y más allá de estos muchos grupos de viviendas de la década de 1940 y de comienzos de la de 1950— se inscribían en una arquitectura de carácter vernáculo, que se intentaba adaptar a cada territorio. El alto valor simbólico del que el franquismo quiso dotar a la vivienda intentaba definir un modelo propio nacional-tradicional decididamente antimoderno (Muñoz, 2021: 102-103). De hecho, se puede detectar la promoción oficial durante los años de posguerra de una arquitectura que identificaba la idiosincrasia española con una apariencia tradicional (vernácula).

Esta adecuación a la tradición arquitectónica popular —regional, local— se produce en los poblados y en general en las viviendas para pescadores a lo largo de todo el litoral.

En Galicia y el Cantábrico, de acuerdo con las condiciones climáticas, las viviendas contaban con tejados a dos o cuatro aguas de teja canal, así como con zócalos de piedra que revestían por completo la planta baja o al menos las puertas y esquinas

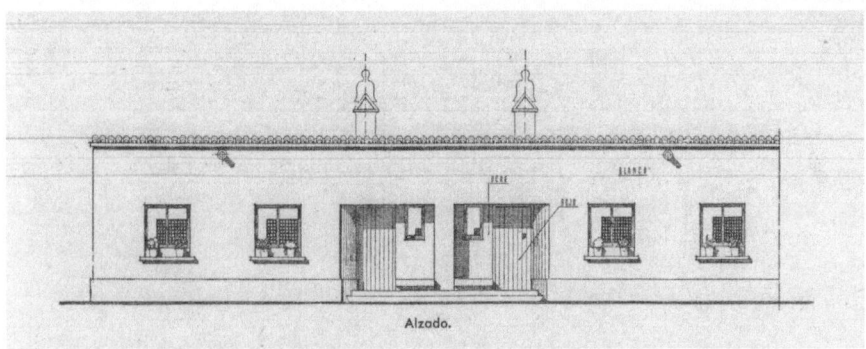

Imagen 7. Poblado de pescadores en Sanlúcar de Barrameda (Cádiz).
Fuente: *Revista Nacional de Arquitectura*, 42, 1945.

de las viviendas —véanse los ejemplos de Ares y Ribeira—. Eran habituales también los porches en las entradas y la presencia de contraventanas de madera, así como los soportales protegiendo zonas comunes.

En cambio, en los poblados proyectados para el litoral mediterráneo predominaban las construcciones bajas, con cubiertas planas y configuraciones cúbicas.

Esta etapa de predominio de lo vernáculo comenzará a cuestionarse en la arquitectura española desde finales de la década de 1940. Es entonces cuando se empieza a prestar mayor atención a las propuestas constructivas implementadas en el contexto del proceso de reconstrucción material de Europa occidental en la posguerra de la Segunda Guerra Mundial. Esta nueva mirada tendrá su repercusión sobre la vivienda social, que se proyecta en España de la década de 1950 en adelante, la cual abandona la construcción artesanal para decantarse por los modelos constructivos industriales y estandarizados en la línea de los programas que se estaban llevando a cabo en Italia, la República Federal Alemana o los Países Bajos en aquellos años.

Sin embargo, no debemos aquí dejarnos engañar por las habituales retóricas modernizadoras del franquismo. La causa del fracaso sin paliativos de la política oficial de vivienda de la década de 1940 y de los primeros años cincuenta —en el que se inscribe también el de los poblados de pescadores— se explica fundamentalmente por las limitaciones económicas y materiales de la España de la autarquía, que convirtieron la política falangista de la vivienda en una mera ensoñación, al tiempo que los problemas de acceso de la población a una vivienda o el disfrute, más en general, de viviendas dignas de tal nombre se convertía en un apremiante problema social de grandes dimensiones.

Así, a partir de mediados de la década de 1950, la política de vivienda del régimen experimentó un profundo giro del que la muestra más evidente fue la nueva legislación promulgada, en particular la Ley de Viviendas de Renta Limitada de

1954 y la Ley de Viviendas subvencionadas de 1957. Se abría a mediados de los años cincuenta una nueva fase que iba a marcar las décadas desarrollistas de la dictadura (Lanero, 2020: 98-99). La edificabilidad de las parcelas aumentó de manera significativa, al igual que la construcción de edificios en altura, de un mínimo de cinco plantas.

Los grandes polígonos de vivienda social del desarrollismo, promovidos por la OSH y en menor medida por el capital privado, fueron levantados en áreas periféricas de ciudades y pueblos, donde el suelo era más barato. Su aislamiento con respecto de los centros de las poblaciones, sus carencias en cuanto a urbanización, equipamientos y servicios comunitarios, etc. fueron la norma (Lanero, 2023: 384). Como es bien sabido, muchos de estos barrios de viviendas sociales fueron a finales de la década de 1960 el germen del movimiento vecinal en el país. Lo que permaneció, con respecto de la década de 1940, fue el carácter periférico de los grupos de viviendas y la mala calidad de los materiales con los que fueron construidos.

En el caso concreto de la vivienda social para pescadores, el modelo urbanístico ideal de los poblados de pescadores fue sustituido por los barrios de pescadores (Ansola, 1992: 257), que en líneas generales pueden ser asimilados a los grupos de viviendas sociales promovidos por el INV y la OSH en muchos pueblos y ciudades del país y con los que compartieron muchas de las características que acabamos de referir: ubicación periférica, falta de equipamientos básicos y mala calidad constructiva. Los grupos de vivienda que analizamos en esta investigación, particularmente los de Ribeira (1958), Ares (1957) y Cariño (1955), encajan plenamente en este nuevo modelo. Es interesante señalar que con frecuencia en los edificios de los barrios de pescadores el perfil socioprofesional de los beneficiarios de las viviendas iba mucho más allá de las familias de personas dedicadas a la pesca o vinculadas con otras actividades marítimas, para dar cabida a una amplia gama de profesiones: trabajadores industriales y de la construcción, empleados del sector servicios, funcionarios de rango medio-bajo, amas de casa, etc.

Con todo, Ansola (1992: 258) encuentra algunas continuidades entre los poblados de posguerra y los barrios de pescadores del desarrollismo, pues considera que forman parte del mismo proyecto paternalista para la gente del mar y la idea de vivienda pesquera como espacio de reproducción de la familia marinera.

Directamente vinculada a los programas de vivienda social para marineros desarrollados por el franquismo, ya fuera a través del modelo ideal de los poblados de pescadores o en barrios marineros, se encuentra una instalación particular, la Casa del Pescador, de la que en este trabajo analizaremos varios casos a modo de ejemplo: la de Ribeira, inaugurada en 1968, y la de Espasante, en 1976. Siguiendo los ideales del fundador de los pósitos, Alfredo Saralegui, las Casas del Pescador, bajo la supervisión de las recuperadas cofradías, estaban pensadas para la educación y orientación de los marineros, y sobre todo para apartarlos del mal de la taberna, que acababa con la previsión económica de las familias marineras y traía consigo las lacras de la tuberculosis, la sífilis o el alcoholismo (Ansola, 2008: 100-101). En el caso gallego, con anterioridad a la Guerra Civil, en 1934, y con intervención directa de Pascual Díez de Rivera como colaborador de Saralegui y del ISM, ya se había inaugurado una Casa del Pescador, la de Vigo.

Casos de estudio

Ribeira: grupo viviendas José Antonio

Promoción de las viviendas

Los orígenes del grupo José Antonio se remontan al año 1942, cuando la OSH requirió la colaboración del gobierno local de Ribeira para la construcción de un conjunto de viviendas protegidas. En concreto, la OSH solicitaba la cesión de terrenos, una propuesta que sería aceptada por la corporación con la siguiente condición: «las viviendas que se construyan habrán de ser destinadas a marineros pobres y obreros necesitados».[9] Tres años más tarde, en 1945, el ayuntamiento ribeirense cumplió su parte e hizo llegar a la OSH una aportación de 50 000 pesetas para la adquisición de los terrenos, situados en la zona conocida por entonces como Estrada Nova, aunque la expropiación se hizo esperar. Una demora que llevó a la alcaldía a requerir la mediación del gobernador civil para poner fin a dicha situación,[10] que se desbloqueó en 1949 con la expropiación de los terrenos y el pago de cinco pesetas por metro cuadrado a cada uno de los afectados en concepto de indemnización.

Finalmente, el 19 de septiembre de 1950 fue colocada la primera piedra del grupo de viviendas,[11] sin que ello significase el fin de los retrasos en su construcción, pues la obra sufrió varios parones. Estas circunstancias motivaron, en el mes de octubre de 1955, a varios de los beneficiarios a remitir un escrito, por voz de la alcaldía, al delegado provincial de la OSH, solicitando la reanudación de las obras, que tendría que esperar hasta el mes de febrero de 1956, cuando esta abonó a la empresa constructora, Rodolfo Lama Construcciones S.A., las deudas pendientes.[12] Salvado este contratiempo se fijaría una nueva fecha para la entrega de las viviendas, el 18 de julio de ese mismo año, previsión que, de nuevo, se incumpliría.[13] Hubo que esperar

[9] Archivo municipal de Ribeira. Fondo de Gobierno. Sesión de actas de plenos. 21-5-1942. Caja 1.389.

[10] Archivo municipal de Ribeira. Fondo de Gobierno. Sesión de actas de plenos. 1-5-1947. Caja 1.390.

[11] *La Voz de Galicia*, 19-9-1950, p. 8. «El domingo en Santa Eugenia. Colocación de la primera piedra de un grupo de viviendas protegidas».

[12] Archivo municipal de Ribeira. Fondo de Administración. Registro de salida. 22-2-1956.

[13] *La Voz de Galicia*, 14-7-1956, p. 4. «El día 18 serán inauguradas numerosas e importantes obras en toda la provincia».

Imagen 8. Fotografía de Ribeira. En primer plano el grupo de viviendas José Antonio.
Fuente: fotografía cedida por J. M. F. C.

hasta octubre de 1957 para la inauguración del grupo José Antonio, dotado de 58 viviendas (tipo A y tipo B).

En realidad, no es de extrañar que el grupo de viviendas José Antonio tardase siete años en finalizarse, pues hasta bien entrada la mitad de la década de los cincuenta los planes de vivienda estuvieron atravesados por la escasez de recursos materiales y humanos, a los que se le añadían las trabas derivadas de la deficiente burocracia franquista (Lanero, 2013: 146-147). Tampoco debe sorprendernos que los accidentes laborales fuesen una tónica habitual, pues si bien es cierto que la política de vivienda de la dictadura generó empleo, este se caracterizó por su eventualidad y por la inseguridad laboral que rodeaba al sector de la construcción (Román, 2018: 74). Como prueba de estos hechos, en la historia de este grupo de viviendas encontramos varios casos de accidentes laborales entre los trabajadores empleados en su construcción.[14]

Sea como fuere, el grupo de viviendas José Antonio no fue el único que se proyectó en el municipio de Ribeira, pues también se planificó la construcción de otro conjunto de viviendas para marineros, propuesta coherente con la actividad económica de la localidad, dotada de un importante puerto de pesca industrial desde comienzos de siglo. Como la edificación estaba destinada a este grupo so-

[14] Archivo municipal de Ribeira. Fondo de Administración. Registro de salida. 18-6-1953.

Imagen 9. Playa de Coroso, en la que pretendían construirse las viviendas para marineros.
Fuente: fotografía cedida por J. J. L. S. P.

cioprofesional contó con la participación de la Cofradía de Pescadores San Pedro, entidad que en marzo de 1948 le solicitó al ayuntamiento la entrega de los terrenos necesarios para la construcción de viviendas para pescadores a otra institución que se reveló clave en la vida de las comunidades marineras durante la dictadura: el ISM.[15] Dicha petición sería acogida por la alcaldía, que acordó cederle al ISM los siguientes terrenos: 23 100 m² en la playa de Coroso —próxima al núcleo urbano de la villa— y 17 010 m² en la zona de la Tasca, en la parroquia de Aguiño, valorados en 7500 y 5000 pesetas respectivamente.[16]

El proyecto pretendía erigir cien viviendas en Coroso, 75 de tipo B (renta reducida) y 25 de categoría C (renta mínima), y cuarenta en la Tasca, veinte de tipo B y otras veinte de tipo C. Además, dado que estos inmuebles estaban destinados a una clase social históricamente afectada por difíciles condiciones materiales, más aún en el contexto de los años cincuenta del pasado siglo, la alcaldía solicitó fijar un precio tope de alquiler, a saber: entre sesenta y ochenta pesetas mensuales para las de tipo C y entre cien y ciento cincuenta para las de tipo B.[17] No obstante, al igual que el resto de los planes de vivienda, las casas para pescadores también estaban sometidas a las limitaciones del contexto español de la época. En abril del año 1956,

[15] Archivo municipal de Ribeira. Fondo de Gobierno. Sesión de actas de plenos. 4-3-1948. Caja 1.390.
[16] Archivo municipal de Ribeira. Fondo de Gobierno. Sesión de actas de plenos. 29-12-1949. Caja 1.390.
[17] Archivo municipal de Ribeira. Fondo de Administración. Registro de salida. 23-10-1954.

siete años después de la cesión de los terrenos municipales al ISM, la construcción de las viviendas aún no se había puesto en marcha, lo que impulsó al ayuntamiento a prorrogar hasta diciembre de ese mismo año el plazo para su construcción. Más adelante, en diciembre de 1958 la corporación volvió a conceder una prórroga al ISM, esta vez de un año de duración, pero la edificación nunca llegó a realizarse y los citados terrenos volverían a ser de propiedad municipal.

Entrega y beneficiarios

Como era habitual, los beneficiarios de las viviendas del grupo José Antonio accedieron mediante un sorteo, que —también resultaba usual— estuvo mediatizado por criterios de reparto nada igualitarios y el empleo patrimonial de las propias viviendas por parte de los representantes del poder político local. En primer lugar, parte de sus ocupantes fueron conocedores del proyecto a través de contactos situados en posiciones de poder. I. P. A. (Ribeira, 1942), una de las vecinas del grupo, ama de casa de profesión y durante un tiempo también empleada de una fábrica de conservas de la villa, relata así el papel de mediación ejercido por un familiar, funcionario del Movimiento, en relación con el acceso a la vivienda: «Meu padriño, que traballaba na sindical en Coruña estaba metido no das casas, meu pai enterouse por el. Soubo delas xa cando ideaban facelas». Su padre, que había sido teniente alcalde del municipio y combatiente en la Guerra Civil en el ejército sublevado, trabajaba como administrativo en una conservera local.

M. C. B. B. (Vilagarcia, 1934) cuenta cómo su madre, viuda de un hombre que había sido práctico de puerto, conoció la posibilidad de formar parte del sorteo de los inmuebles por medio de un conocido de la familia, médico de profesión, que la invitó a «que falase con Pepe e Julián, os que levaban a sindical», funcionarios locales del Movimiento; una prueba de que la tramitación de las solicitudes por parte de los organismos vinculados al Movimiento facilitaba los tratos de favor (Lanero, 2013: 134). En efecto, el marido de M. C. B. B., marinero de pesca de altura de profesión, sería una de las personas premiadas con una de las viviendas, en la que el matrimonio residió con sus dos hijos, acompañados de la madre de M. C. B. B.

En realidad, a pesar de que el procedimiento de entrega habitual era el sorteo público, los sesgos políticos y de afinidad solían primar entre los beneficiarios. La aparición, por ejemplo, de excombatientes y mutilados de guerra entre quienes habían recibido una vivienda estuvo a la orden del día (Román, 2018: 75). Es el caso de la familia de I. P. A., pero también de la de J. M. F. C. (Ribeira, 1952), quien se mudó a una de las viviendas con sus tres hermanos, su madre, ama de casa, y su padre, empleado municipal y excombatiente en la Guerra Civil en las filas golpistas. Precisamente, la posición de privilegio que ostentaba su padre por su participación en el conflicto bélico le abrió la posibilidad de escoger directamente un inmueble sin necesidad de someterse al sorteo: «Meu pai traballaba no concello, enterouse alí destas casas. Déronlle dúas chaves, "escolle ti a casa que queiras". Tiña dereito a unha casa por ser mutilado de guerra. Non llas ían dar aos do outro bando».

En definitiva, un sorteo sometido a un reparto particularizado, que en algunas ocasiones dio pie a prácticas corruptas, como la apropiación de inmuebles a manos de algunos responsables políticos locales o de personas influyentes relacionadas con los mismos. Un ejemplo de esto es el caso que nos explica el propio J. M. F. C.: «As casas ser eran para os que non tiñan recursos, o que non foi verdade. Eu o sorteo non sei quen o fixo... A. quedouse con dúas casas e era un dos máis ricos de Ribeira, colleu dúas chaves e nunca viviu nelas».[18] La muestra de este modo de proceder es más amplia, pues encontramos otros casos de similares características, como el del secretario de la Hermandad Sindical de Labradores y Ganaderos (HSLG) local, tal como manifiesta P. V. R., otra de las vecinas del grupo José Antonio, cuya familia era propietaria de un céntrico comercio local ribeirense.

> Houbo un sorteo, pero algunha xente accedeu de forma privilexiada. Os que tiñan máis poder...vivíamos nunha ditadura, mandaban eles e facían o que lles daba a gana. O da agraria nunca foi de familia numerosa e quedouse cunha casa grande... porque lle deu a gana.

Por otro lado, el método de financiación de las viviendas también resultó ser un filtro para el ingreso de los adjudicatarios, pues las obligaciones contractuales eran ciertamente prohibitivas para los estratos sociales más humildes. Gracias a la documentación aportada por I. P. A. hemos podido conocer las condiciones fijadas para el acceso a los inmuebles de tipo B, a saber: su valor ascendía hasta las 63 631,32 pesetas, que debían ser amortizadas en cuarenta años a través de cuotas mensuales: 168,53 pesetas los primeros veinte años y 214,75 los siguientes. Unas condiciones que, igual que en otros muchos grupos de vivienda protegida promovida durante la dictadura, ni siquiera llegaron a cumplirse, pues en diciembre de 1975 los vecinos pudieron hacerse con la propiedad de los inmuebles.

En este sentido, sobresalió la labor de una figura en particular, la de M. C. H., funcionario municipal y propietario de una de las viviendas, quien se alzó como el principal encargado de representar a los vecinos ante la administración. «Houbo que

---

[18] Se refiere a A. A. D. L. T, industrial y alcalde de Ribeira entre los años 1973 y 1975.

facer moitos escritos, que a sindical non quería vendelas. Meu pai, meu tío, M.C. … pelexaron moito, foise a sindical a Coruña, que aquí en Ribeira había unha pero non facía nada. Loitaron e conseguiron que todos puidesen comprar as casas».[19] En realidad, este funcionario municipal asumió desde el inicio las labores de gestión organizativa del grupo de viviendas, y no solo en el procedimiento de compra:

> O señor M. C. era o xerente. Traballou no concello toda a vida e vivía aquí, e o alcalde de aquela doulle o poder de que se encargara das «casas baratas». Se había algo que tratar sobre as casas ías falar con el, se querías facer calquera reforma, era o el o que che asesoraba. […]. É o de sempre, tes que falar con tal para que che amañe, e con quen vas a falar? Co funcionario máis próximo, estando no concello sempre tes máis marxe para falar co alcalde, e el sempre che botaba unha man.[20]

De hecho, sus funciones trascendieron la cuestión de la política de vivienda, ocupándose de trámites referidos a otros ámbitos, lo que le permitió acumular un gran capital social entre sus vecinos, traducido en el reconocimiento hacia su persona:

> M. C. non firmaba nada, pero facíache un escrito, si tiñas algún problema co concello, cunha finca ías a el… pero non só aos das «casas baratas», eh. Moita xente ía falar co señor M. C. H., tiña peso no concello, fíxonos moitos favores.[21]

Así, la amortización de la vivienda durante cuatro décadas no fue el factor más restrictivo para las clases trabajadoras, el principal criterio de exclusión resultó de la obligatoriedad de sufragar una entrada por valor del 10 % del coste total de la vivienda, 10 181,08 pesetas para las de tipo B. Además, esta entrada debía costearse a través de un solo pago: «A ver, eran casas para xente sen recursos, pero se había que poñer dez mil pesetas, na época… moitos non as podían coller, era unha incongruencia».[22]

En el caso de la familia de I. P. A., la entrada se sufragó a través de un préstamo del Montepío, pero fueron diferentes las fórmulas empleadas para hacer frente a este depósito, por ejemplo, a través de las remesas de dinero enviadas por los familiares desde el extranjero, caso de la familia de M. C. B. B.:

> Para coller as chaves había que dar dez mil pesetas, e a verdade é que a maioría da xente non as tiña. A min doume a vida meu irmán, que xa estaba en América. Díxome «Cando as dean cóllelas que che mando eu as dez mil pesetas».

[19] Entrevista a I. P. A. 13-7-2023. Ribeira.
[20] Entrevista a J. M. F. C. 21-7-2023. Ribeira.
[21] Ibídem.
[22] Entrevista a P. V. R. 21-7-2023. Ribeira.

Este requisito provocó alteraciones en el proceso, por lo que debía celebrarse un segundo sorteo, que tampoco fue completamente imparcial, pues en él participaron algunas de las personas a las que ya les había sido adjudicada una vivienda.

Sei de moita xente á que lle tocou que se quixo ir, porque había que poñer unha entrada de dez mil pesetas para as pequenas e quince mil para as grandes, e a xente non tiña eses cartos. Como algúns renunciaron, ou non había xente de abondo que as quixera, os que as distribuíron ofrecéronllas aos amigos. «Mira, que hai una casa tal...», aos amigos, eh!, a outras persoas non llas ofreceron [...]. Despois houbo outro sorteo, porque sobraba unha casa. Pepe díxome: «queres entrar no sorteo, que che pode tocar unha casa grande? Eu díxenlle, se non me quitan a que teño...».[23]

Como resultado de estos hechos, aunque las viviendas habían sido promovidas para «marineros pobres y obreros necesitados», no fueron estos los únicos que las habitaron. Cierto que el grupo profesional de los marineros —diecinueve en total— representaba el 38 % de los beneficiarios, a los que se le podrían sumar otros familiares ocupados también en esta actividad, un total de ocho. Familias cuya vida se caracterizaba por las dificultades y el sacrificio inherentes al trabajo en el mar.

Había mariñeiros que andaban embarcados e outros de baixura, que andaban ás nasas e nos barcos. Algúns tiñan dornas. Andaban á sardiña, ao xurelo [...]. O traballo do mar foi sempre o máis duro. O mellor saían as doce da noite para o mar, cando ían á vaca levantábanse as tres da mañá e viñan á tarde. Meu irmán o maior sempre estaba con que quería ir ao mar, e meu pai dicíalle «ata que teñas un título non vas».[24]

Otros profesionales de mayor estatus socioeconómico también ocuparían las viviendas. Es el caso, por ejemplo, de los comerciantes o de los industriales, que representaban un 7 % y un 11 % del total de los beneficiarios respectivamente.[25] «O de A. S. tiña cartos e cartos... déronlla a quen lles saíu da gana, aos seus amigos, así pódoche nomear moitos», explica J. M. F. C. refiriéndose a un conocido industrial de la villa. Asimismo, entre los titulares de las viviendas se encontraban también algunos funcionarios de diversa índole, tal como explica I. P. A.:

Había moito oficio, mecánicos, carpinteiros... e uns cuantos funcionarios. Meu tío que traballaba na sindical na Coruña, o da esquina traballaba na sindical tamén, un que era garda civil, que viña de fóra, M. C., que traballaba no concello tamén viña de fóra.[26]

[23] Ibídem.
[24] Entrevista a M. C. B. B. 18-7-2023. Ribeira.
[25] Archivo municipal de Ribeira. Fondo de Servicios. Padrón Municipal de habitantes 1960.
[26] Entrevista a I. P. A. 13-7-2023. Ribeira.

Imagen 10. Mujeres arreglando redes en el puerto.
Fuente: fotografía cedida por J. J. L. S. P.

En cuanto a las ocupaciones femeninas, las amas de casa fueron el perfil más habitual entre las vecinas del grupo José Antonio, un total de cincuenta. Las tareas domésticas, junto al cuidado de los hijos, representaban el cometido al que el régimen pretendía restringir el papel de la mujer, sometida a la invisibilidad y a una falta total de reconocimiento social. «Éramos todas amas de casa, salvo algunha que ía á fábrica. Eles [los maridos] dábannos os cartos e nós gobernábamos a casa e coidábamos dos fillos. Nunca botaban unha man en nada, o traballo da casa non se valoriza», nos dice M. C. B. B. Solo cinco mujeres desarrollaban una actividad remunerada (Muñoz Abeledo, 2024: 361-365), entre ellas había una redera, encargada de los arreglos de las redes de pesca, y una estibadora.[27]

La fractura de género también resultó evidente en la adjudicación de los inmuebles: el varón de entre 35 y 50 años (66 %) nacido en el propio ayuntamiento fue el perfil más repetido entre los propietarios, mientras que solo nueve mujeres —todas ellas viudas— representaban el cupo de beneficiarias, dos de las cuales residían solas y percibían una prestación social, mientras otras siete vivían con sus hijos. En cuanto a la composición familiar, de las 58 viviendas del grupo, 48 estaban ocupadas por

---

[27] Ibídem.

matrimonios, con una media de tres hijos por familia. Además, en nueve viviendas residían otros miembros de la familia.

Barrio y viviendas

Si bien el grupo de viviendas José Antonio fue construido una vez superada la mitad de los años cincuenta, sus características estaban en sintonía con la línea ideológica falangista y paternalista de la primera etapa de la dictadura. El grupo estaba formado por cinco bloques de edificios, organizados en una estructura octogonal, y las viviendas respondían a una arquitectura de tipo tradicional, con un solo piso de altura y elementos de carácter vernáculo, como los zócalos de piedra, tejados a dos aguas, porches o soportales en la entrada.

Su estructura también era coherente con las directrices de los primeros planes de vivienda impulsados por el régimen. Las 58 viviendas se dividían en dos modelos, categoría A y B, en realidad muy similares: ambas contaban con una cocina, un salón, un aseo y un pequeño jardín en la parte de atrás, con las únicas diferencias de que las primeras tenían cuatro dormitorios y las segundas tres, y los arcos situados en la parte frontal de las viviendas, dando paso al vestíbulo, eran mayores en el caso de las viviendas de tipo A (Bravo Cores, 2001).

En lo que respecta a su calidad, las viviendas presentaban malas condiciones, sufrían múltiples problemas que tardaron mucho en repararse, un rasgo común en todas las viviendas sociales desarrolladas durante cada una de las etapas de la dictadura (Román, 2018: 79). Algunas de las deficiencias más notorias eran las humedades, la inexistencia de suministro de agua o las carencias del aseo, desprovisto de ducha:

> Os teitos eran de conglomerado de caña, sentíanse correr aos ratos por eles, e as paredes non eran tampouco gran cousa, a calidade era cativa, había unhas humidades… cando estaba tempo de néboa choraban as paredes, caía a auga por elas. Non me quero acordar! […]. Isto antes eran unhas leiras que expropiou o concello e as vivendas fixéronse nelas, por iso o chan era tan húmido, apenas había cementos. Cando fixemos un pozo na horta enseguida encontramos auga […]. O asco tiña o lavabo e o inodoro, e nada máis, había que botar man de bañeiras grandes para poder bañarte. O que non había era auga da traída. Había un pozo e un depósito alí diante, e había unhas horas para poñer a auga.[28]

> Os teitos eran de escaiola e cana, as paredes de «tablilla», os pisos de madeira, no chan había humidades porque estas casas fixéronse en brañas, aquí nesta esquina no

---

[28] Entrevista a I. P. A. 13-7-2023. Ribeira.

Imágenes 11 y 12. Viviendas del grupo José Antonio. Fuente: Archivo Municipal de Ribeira. Contribución urbana.

Imagen 13. Terreno en el que se construyó el grupo de viviendas. Detrás, el grupo escolar Francisco Franco. Fuente: fotografía cedida por J. M. F. C.

inverno era como se nacera a auga. […] A auga traíase dun depósito anexo ás vivendas. Había un señor, ao que se lle pagaba, encargado de abrir a auga para as casas, unha vez ao mediodía e outra á noite.[29]

---

[29] Entrevista a J. M. F. C. 21-7-2023. Ribeira.

Imagen 14. Plano aéreo de las viviendas José Antonio y el grupo escolar Francisco Franco. Fuente: fotografía cedida por J. J. L. S. P.

Vida marinera

Las viviendas del grupo José Antonio se encontraban junto al edificio de la Casa Sindical del Movimiento, situado muy próximo al centro urbano, a escasa distancia de lugares como el mercado municipal, la plaza del ayuntamiento y, en general, de diferentes establecimientos a los que acudían los vecinos para utilizar sus servicios. El puerto, epicentro del trabajo marinero, estaba muy próximo al grupo, aunque las labores marineras no se concentraban solo en el puerto, ampliándose también a las propias viviendas, de las que se hacía uso para el almacenaje de los aparejos de pesca, en este caso en el jardín situado en la parte posterior del inmueble.

Los lugares de ocio, fundamentalmente las tabernas, eran también un espacio de reproducción del trabajo marinero, pues estas eran —entre otras cosas— los lugares en los que se repartían los beneficios «a la parte», modalidad propia de la pesca artesanal que seguía vigente aún en estos años. Así lo cuenta J. R. R. (Ribeira, 1950), mecánico naval que se mudó con su familia —su madre, ama de casa, y su padre, patrón de barco— a una de las viviendas que habían quedado sin adjudicar tras el primer sorteo:

Imagen 15. Plano de situación del grupo de viviendas José Antonio.
Fuente: Vuelo Americano Serie B 1956-1957.

Imágenes 16. Puerto de Ribeira, 1955. Fuente: E. Rodríguez (2006).

Imágenes 17. Puerto de Ribeira, 1955. Fuente: E. Rodríguez (2006).

Imagen 18. Marineros trabajando en la captura del pescado.
Fuente: fotografía cedida por J. J. L. S. P.

Nas casas tamén se gardaba algún aparello de pesca, aquí nas hortas, pero catro aparellos, daquela os barcos de baixura eran pequenos […]. Os bares eran o sitio onde se facían as contas. Cada armador tiña a súa taberna. Tanto en carnada, tanto en seguridade social, a repartir toca isto.[30]

---

[30] Entrevista a J. R. R. 17-7-2023. Ribeira.

Imagen 19. Vista del paseo del malecón de Ribeira. En primer plano,
el edificio de la Ayudantía de Marina. Fuente: fotografía cedida por J. J. L. S. P.

En el puerto se situaba también la cofradía de pescadores, que como el resto
del aparato sindical actuaba según una lógica corporativa, pensada para controlar
y tutelar a los marineros, y una clara identidad católica —asociada con una figura
religiosa, en este caso con san Pedro, uno de los apóstoles de Jesucristo, pescador—.
Cabe recordar que estas instituciones vinieron a sustituir a los pósitos de pescadores, vinculados interesadamente por el discurso del régimen con el laicismo y
la lucha de clases. Así pues, las cofradías eran organismos encargados de gestionar
importantes competencias, como labores educativas o el sistema de seguros sociales
puesto en marcha por el régimen:

> O Pósito era o que levaba o da seguridade social, pagábanche puntos polo nenos,
> porque os mariñeiros que tiñan fillos cobraban tanto por cada un. Alí administrábase o
> dos seguros sociais. [...] Alí era tamén onde che mandaban aos cursos. Eu o primeiro
> título que tiven foi o de motorista naval, e saqueino en Vilagarcía.[31]

También como ocurría en otros ámbitos de la administración del Estado, durante la dictadura fue habitual el empleo de prácticas clientelares, cuando no directamente corruptas, por parte de los representantes de las cofradías. «No Pósito
era onde resolvían as cousas os mariñeiros. Estaba P. V. [también vecino del grupo
José Antonio], que era o funcionario que traballaba alí. Moitas trampas facía…
Mira como era a cousa que o Pósito estaba nun baixo que era seu», recuerda I. P. A.

---

[31] Ibídem.

Imagen 20. Bar del Pescador.
Fuente: fotografía cedida por J. J. L. S. P.

Otra de las instituciones que regían la vida marinera era la Ayudantía Militar de Marina, administración que hasta 1994 formó parte del Ministerio de Defensa, corriendo sus funciones a cargo de la Armada, encargada de administrar importantes funciones en materia marítima, esto es: ámbito militar, marina mercante y pesquero. El edificio de esta entidad se instaló en el puerto de Ribeira en el año 1901. A comienzos de los años treinta sería trasladado a la calle General Franco —hoy Calle de Galicia—, y en 1962 cambió de localización, situándose en el cruce entre las calles Emilia Pardo Bazán y General Espartero, lugar que ocupa hoy —como Capitanía de Marina—.

El barrio tampoco contaba con espacios públicos de recreo, pero las propias viviendas actuaban como tal, especialmente en el caso de las mujeres, que, recordemos, en su mayoría eran amas de casa. Citando a I. P. A.: «As veciñas íamos unhas á casa doutras. Moitas casas xa tiñan as portas abertas, tiñan un cordel para que non tiveses que chamar ao timbre, tirabas do cordel e xa abrías a porta. Tamén collías unha cadeira e te sentabas na porta a falar», un testimonio que avanza en la misma línea que el expuesto por M. C. B. B.: «Sentabámonos eu e mamá aí fóra e nuns minutos xa había cinco ou seis. Cando meu irmán me mandou a televisión de América viñan os veciños, e non me chegaban as cadeiras, tiven que poñer alfombras para que se sentaran».

Entretanto, los hombres acostumbraban a congregarse fuera del grupo de viviendas, frecuentando sobre todo las tabernas, a pesar de los esfuerzos desplegados por el régimen por desprestigiar estos espacios como lugares de reunión. «Os homes á taberna. Tabernas daquelas había moitas… No malecón estaba o Bar do Pescador, que era para mariñeiros pero había de todo tamén», dice I. P. A., mientras M. C. B. B. recuerda: «Os homes xuntábanse alí no "Mentireiro", un paredón onde o "muelle", poñíanse alí a fumar e a falar».

Al otro lado de la carretera principal, paralela a las viviendas, se situaba el grupo escolar Francisco Franco, al que acudían parte de los niños y niñas del grupo José Antonio, mientras que otros asistían a las diferentes escuelas de las que disponía Ribeira en la época. El colegio Francisco Franco —actualmente llamada O Grupo— era público y entre otras cosas contaba con un servicio de comedor. Así lo recuerda I. P. A., quien también menciona la celebración de la Fiesta del Árbol, evento de longeva tradición que durante el franquismo adoptó tintes religiosos y nacionalistas:

> As mulleres preparaban os rapaces para ir á escola, e daban conta da casa. Moitos ían ao colexio que está aquí o lado, outros ían ao Colexio Bayón, que é ao que fun eu […]. Eu recordo que o día do Árbol daban unha laranxa, e chocolate, e eu dicía: «non había de ser eu do grupo, que no Bayón non daban nada…».

Al respecto, M. C. B. B. recuerda la difícil convivencia con algunos maestros del colegio:

> Un día chegou o meu rapaz para comer, e tiña unhas marcas na cara, e díxome que tropezara no recreo, pero estrañoume. Fun á unha casa de aquí, que o rapaz era do tempo do meu, e contoume que D. R., o cura, lle pegara. Debía levar un anel ou algo. Fun a escola e falei co director, e díxome: «cantas queixas temos de D. R.».

La estructura de género incluía también a los más jóvenes. Si bien muchachos y muchachas convergían en algunos espacios de ocio, como las fincas anexas al grupo de viviendas, desarrollaban diferentes actividades. «Algunhas rapazas fomos aprender a bordar a casa dunha señora que ensinaba, íamos alí ás tardes a aprender», explica I. P. A. Contiguo al colegio público se encontraba el edificio del Frente de Juventudes, delegación del Movimiento diseñada para la socialización política de la infancia y la juventud, en el que se desarrollaban actividades culturales, sociales y educación física. «Había clases de debuxo, xogos de mesa, damas, o parchís, fútbol, baloncesto, facíamos excursións, teño moi bo recordo», recuerda J. M. F. C.

> No Frente de Juventudes había baloncesto, fútbol, balonmán… logo estaba Acción Católica, que era tamén para os rapaces, parecido ao Frente de Juventudes, pero sen política. Ao Frente de Juventudes había que ir coa camisa azul e as frechas… Acción Católica non tiña nada que ver.[32]

---

[32] Entrevista a J. R. R. 17-7-2023. Ribeira.

Imagen 21. Colegio público Francisco Franco. Fuente: fotografía cedida por J. M. F. C.

Situada en la Avenida del Malecón, que discurre paralela al puerto, se localiza también el edificio de la Casa del Pescador, institución diseñada precisamente para sustituir a la taberna como espacio de reunión de los marineros. En Ribeira el proyecto de construcción de esta institución dio sus primeros pasos ya en el año 1952, cuando el ISM le hizo saber al ayuntamiento su intención de instalar un Hogar del Pescador en el pueblo, pero el edificio no sería inaugurado hasta mayo de 1968.[33] El valor del inmueble, que alcanzó los 2 550 000 pesetas, fue sufragado por la Cofradía de Pescadores de San Pedro de Ribeira en un 68 %, por la Junta de Protección Pesquera en un 16 %, y un 14 % corrió a cargo del ISM, mientras el Sindicato Nacional de Pesca abonó un 2 % de los costes.

El edificio contaba con una planta baja y tres pisos superiores. La planta baja reunía los servicios de asistencia sanitaria, a saber: una clínica médica, un consultorio, una sala de rayos X y una despensa-farmacia. En el primer piso se encontraban las oficinas de la Cofradía de Pescadores, el segundo contaba con una sala de estar, cafetería y salón de actos, y el tercero estaba dotado de una biblioteca, una sala de juegos y una escuela para formación marinera.[34] Años más tarde, en 1972, se construiría otra Casa del Pescador en el municipio, esta vez en la parroquia de

[33] *La Voz de Galicia,* 30-5-1968, p. 14. «La Casa del Pescador de Riveira, inaugurada por el presidente del Instituto Social de la Marina».

[34] Archivo del Reino de Galicia. Fondo sindical. Caja 53064.

Aguiño,[35] cuyas instalaciones eran muy similares a las de su homóloga ribeirense: una planta baja con sala de estar, capilla y parte de los servicios médicos, que se extendían también al segundo piso, que contaba asimismo con una sala de radio y un balcón con vistas al mar, que disponía de un catalejo. En el primer piso se encontraban las salas de enseñanza y las oficinas administrativas.[36]

[35] *La Voz de Galicia*, 12-11-1972, p. 2. «Hoy, inauguración de la Casa del Pescador, en Aguiño».
[36] Archivo del Reino de Galicia. Fondo sindical. Caja 53065.

Ares: grupo de viviendas Salvador Moreno

Promoción de las viviendas

En el año 1944 la Jefatura Provincial de Sindicatos de A Coruña señalaba la carencia de vivienda que padecía el ayuntamiento de Ares, así como la necesaria intervención estatal para paliar dicho déficit, relato semejante al de la corporación municipal, que en 1949 subrayaba la cuestión como uno de los principales problemas de la villa, proponiendo la promoción de vivienda protegida como respuesta al mismo.[37]

> En cuanto a las casas baratas […]. Tampoco el ayuntamiento posee terrenos aptos para ello, pero teniendo en cuenta la penuria de las viviendas y lo beneficioso que sería tal grupo de las mismas, es preciso y se está dispuesto a realizar el necesario esfuerzo para hacerse con ellos.[38]

Con la intención de resolver el problema habitacional la corporación aresana emprendería —un año después— los trámites de expropiación de un solar, situado en una zona del municipio conocida como O Xabres, en la que deberían construirse viviendas para pescadores. El pleno municipal acordó que el grupo habría de llamarse Ría de Ares, aunque como resulta evidente esta no fue finalmente la nomenclatura elegida. En cualquier caso, igual que en Ribeira, los planes tardaron varios años en ejecutarse, pues hubo que esperar al mes de julio de 1955 para constatar la adquisición y posterior cesión de los terrenos a la OSH.[39] Si encontrará menos escollos la edificación de las 48 viviendas del grupo que vendría a denominarse Salvador Moreno, cuyas obras darían comienzo el 4 de diciembre de ese mismo año y cuyo remate tendría lugar en febrero de 1957.

---

[37] *La Voz de Galicia*, 22-7-1944, p. 3. «La Organización Sindical de la Provincia ha realizado en el transcurso de un año una magnífica y eficacísima labor».

[38] Archivo municipal de Ares. Actas de pleno. 13-8-1949.

[39] Archivo municipal de Ares. Actas de pleno. 1-7-1955.

Imagen 22. Fotografía del pueblo de Ares. En primer plano, el grupo de viviendas Salvador Moreno. Fuente: fotografía cedida por J. M. C.

Entre tanto, la alcaldía sopesó varias propuestas, pues en un primer momento le comunicó a la Jefatura Provincial de Sindicatos la necesidad de construir veinte viviendas ultrabaratas, para más tarde reconsiderar el proyecto. Hay que reseñar la necesidad de dotar a las viviendas de un patio, utilizado —como veremos— para guardar los aparejos de pesca y de labranza, cuestiones que ponen de manifiesto tanto los acentuados problemas de salubridad derivados del almacenaje de los útiles de trabajo pesquero en la propia vivienda como la estrecha conexión entre el mundo marinero y las labores agrícolas.

> Considéranse precisas cincuenta viviendas con capacidad media para unas seis personas, de peculiaridad rural, o sea, con patio, de características constructivas corrientes; que no excedan en renta las cien pesetas mensuales, optando por la categoría b, del tipo renta mínima.[40]

En Ares, como también en Ribeira, otras instituciones se encargaron de promover la construcción de viviendas para marineros en un municipio de longeva tradición pesquera. Por una parte, el ISM, en el año 1954, barajó la posibilidad de edificar un conjunto de 35-40 viviendas protegidas para este grupo profesional,

---

[40] Archivo municipal de Ares. Actas de pleno. 29-10-1954.

solicitándole a la corporación local parcelas para dicho fin, aunque la iniciativa no prosperó.[41] Por otro lado, la Cofradía de Pescadores de Redes, el segundo núcleo de población del ayuntamiento de Ares, también le requeriría a la alcaldía un suelo para la construcción, por parte de la OSH, de 25 viviendas de carácter social, con un coste de 32 000 pesetas, pero como tantos otros este proyecto quedó en nada, pues el pleno del ayuntamiento denegaría tal petición.[42]

Entrega y beneficiarios

Un mes después de la finalización de las obras del grupo Salvador Moreno, en marzo de 1957, se celebró el sorteo de las viviendas en el Casino de Ares, y en el mes de octubre tuvo lugar la entrega de llaves.[43] Sin embargo, solo el 60 % de las viviendas fueron entregadas a vecinos del pueblo, lo que llevó al gobierno local a promover el uso turístico para los restantes inmuebles.[44] El motivo de este resultado se encontraba en el elevado coste de las casas. Como recoge la escritura cedida por una de las vecinas del grupo, J. M. C., el valor de cada vivienda era de 52 395,84 pesetas y debía ser costeado en veinte años con un pago mensual de 144 pesetas, divididas del siguiente modo: 107 pesetas en concepto de amortización estricta, 26 destinadas a la administración y conservación de las viviendas y 10 para gastos prorrateables.

Unos contratos que no llegaron a cumplirse, ya que en el año 1971 la OSH elaboró varias fórmulas a las que podían acogerse los beneficiarios para hacerse con los inmuebles en propiedad, mecanismos también recogidos en la documentación facilitada por J. M. C., a saber:

1. Pago al contado de las cantidades restantes por satisfacer.
2. Pago de la amortización correspondiente a la OSH, asumiendo el beneficiario los gatos de administración y la conservación de la vivienda, de los que se venía haciendo cargo la OSH.
3. Aplazamiento de los pagos restantes, que han de ser abonados al organismo que concediera el préstamo y el anticipo de la vivienda. El beneficiario asumiría también la administración y la conservación de la vivienda, así como los gastos prorrateables.

[41] Actas de pleno. 27-6-1954.
[42] Archivo municipal de Ares. Actas de pleno. 30-12-1956.
[43] *La Noche*, 14-3-1957, p. 6. «Sorteo de viviendas en Betanzos y Ares».
[44] *La Voz de Galicia*. 2-10-1957, p. 2. «Entrega de viviendas por la Delegación Provincial de Sindicatos en Ares y Ferrol».

Sea como fuera, las cuotas exigidas representaban cifras a las que muchos de los beneficiarios no podían hacer frente. «Houbo un sorteo, que fixo o sobriño do alcalde, que traballaba no concello tamén. Había prioridade para os pobres, pero moitas quedaron sen dar porque a xente dicía que eran moi caras, entón "rechearon con veraneantes". Unha de cada dúas eran turistas», recuerda E. M. P. (Cerceda, 1933), que con dieciséis años se trasladó desde su pueblo natal a Ares, donde trabajó primero como empleada doméstica y más tarde en una conservera de pescado y como jornalera agrícola. E. M. P. accedería a una de las viviendas protegidas con sus cuatro hijos y su marido, marinero de bajura y trabajador de la construcción en el propio polígono de viviendas que acabó habitando. «Cando non estaba o mar para pescar traballaba alí, entón coñecíaas ben, xa sabía como eran antes de entrar».

Similar es el caso de M. P. C. (Miño, 1921), residente en una las tres parroquias del ayuntamiento, Cervás, desde donde se trasladaría a una de las viviendas protegidas en la que residiría con sus cinco hijos y su marido. «A nós avisáronnos que entregaban unha casa en Ares. O meu home solicitou unha casa alí no concello, viñeron mirar á casa onde vivíamos en Cervás, e tocounos unha». Distinta es la historia de F. C. V. (1937), cuya familia ingresó en una de las viviendas protegidas siete años después de la entrega inicial, cuando su padre, albañil en el ayuntamiento de Ferrol, le solicitó a la alcaldía el acceso a una de las casas empleadas para turistas. No fue, ni mucho menos, el único caso de este tipo, pues tras la entrega inicial se fueron sucediendo los vecinos que requerirían a la alcaldía la posibilidad de habitar los inmuebles. Así lo explica el propio F. C. V.:

> En moitas destas casas metéronse veraneantes, porque moita xente non as quixo. Iso non debía ser porque moita xente non podía pagar unha vivenda. Meu pai foi ao concello falar co alcalde, e déronnos unha casa á que viña un veraneante de Ferrol coa súa muller.

Como sí había sucedido con el sorteo inicial, el método de entrega de estas viviendas empleadas con fines turísticos no respondió a ningún criterio de reparto público, recuerda F. C. V.:

> Non houbo sorteo, fóronllas dando a quen a foi pedindo, porque seguían quedando casas ocupadas polos veraneantes. Co tempo a xente foinas solicitando. A nós déronos xa unha chave, pero sei doutra xente que puido escollela.

En cuanto al perfil de los titulares, este sí respondió en mayor medida a los planes fijados por la corporación municipal, pues las viviendas del grupo Salvador Moreno fueron ocupadas mayormente por trabajadores del grupo profesional para el que habían sido ideadas, el de los marineros. Esta era la profesión de más de la

Imagen 23. Marineros preparando las redes de pesca.
Fuente: L. Cendán (2002), p. 94.

Imagen 24. Ares en los años sesenta. Fuente: L. Cendán (2002), p. 11.

mitad (59 %) de los vecinos del grupo en el año 1957, al que se le podrían sumar otras profesiones relacionadas: un armador y un mecánico naval. Solo una mujer, jubilada, viuda y con dos nietos, resultó adjudicataria de uno de los inmuebles. Los restantes veintinueve beneficiarios eran hombres, de entre 30 y 45 años (59 %), todos ellos casados —uno de ellos viudo—, y con una media de 2,5 hijos.

Con todo, el pluriempleo fue una variable habitual, pues, igual que las mujeres, los marineros acostumbraban a compaginar la pesca con otras profesiones, impulsados por la necesidad de paliar la irregularidad de sus ingresos.

A maioría aquí eran mariñeiros, pero tamén traballaban as terras, porque moitas veces non pescabas. Eu lembro cobrar 47 pesetas en toda a semana. Tamén nos daban o que lle chamaban «medidita», que eran 40 sardiñas a cada un. Unha vida moi dura, collín tempos pobres, e outros mellores… a vida do mariñeiro daquela era pobre…

Así lo relata F. C. V., marinero de profesión y vecino del grupo Salvador Moreno, al que se incorporó —como ya hemos visto— con sus padres más de un lustro después de la inauguración. F. C. V., que residiría en esta vivienda con su mujer, ama de casa y trabajadora de una fábrica de conservas, y sus cinco hijos, alguno de ellos también marinero, sería una excepción, pues su vida laboral estuvo abocada al mar con exclusividad.

Entre los vecinos del grupo cuya fuente de ingresos no procedía del mar encontramos perfiles de diversa índole, como el del marido de M. P. C., un albañil que trabajaría también como obrero industrial en la fábrica de Bazán, empresa de construcción naval sita al otro lado de la Ría de Ares, en la de Ferrol:

O meu home entrou por un tempo en Bazán, e logo quedou fixo. Foi cando empezamos a revivir un pouco, daquela pasábase moita fame […]. Primeiro ía andando, logo comprou unha bicicleta e ía ata Mugardos coller a lancha para ir traballar.

Dos de los inmuebles estaban reservados para el conserje del grupo, L. E. G., al que las autoridades encargaban labores de control social y político de los vecinos, así como la gestión de algunos servicios. No por casualidad estos puestos acostumbraban a ser ocupados por personas próximas al poder: excombatientes, funcionarios, figuras relacionadas con la burocracia franquista, etc. Sin conocer de forma detallada el perfil de este trabajador, sí pudimos saber el papel de mediación de un empleado municipal, familiar del alcalde, en su elección:

Había un conserxe que cobraba as vivendas. Déronlle unha casa dobre, a única dobre que hai, que era onde se lle pagaba […]. Púxoo de conserxe o que sorteou as casas […]. Logo puxeron un depósito, polo que tíñamos que pagar media peseta ao día, e que só abrían de día. O que se encargaba de administrar a auga era o conserxe.[45]

---

[45] Entrevista a E. M. P. Ares. 11-8-2023.

Barrio y viviendas

El grupo de viviendas Salvador Moreno respondía —también— a los postulados organicistas que guiaban el urbanismo franquista, con Pedro Muguruza como cabeza visible. Una urbanización abierta de bajas densidades, formada por conjunto de 48 inmuebles unifamiliares de una sola altura, de tipología uniforme y arquitectura vernácula: un arco daba acceso al vestíbulo, que compartían siempre dos viviendas, dotadas de tres dormitorios, una pieza central (salón-estancia-cocina), aseo, despensa, armario empotrado y un patio trasero. La superficie total de la vivienda era de 71,93 m², de los cuales resultaban útiles 59,05 m², mientras que la altura no excedía los 20 m.[46]

Con posterioridad, buena parte de los vecinos modificarían la estructura de las casas gracias al cierre del patio, lo que les permitiría ampliar el número de estancias. Estos espacios estaban diseñados como almacén para los aparejos de pesca, siguiendo la lógica higienista del régimen, pero también sirvieron para la cría de animales, un sustento básico ante la irregularidad de ingresos de las familias marineras. Los usos del patio responden así a esta sinergia entre el mar y la tierra: «Na parte de atrás tíñamos un patio, que servía algo para todo. Gardábanse aparellos de pesca e outras cousas. Alí tivemos coellos, porcos, ovellas…», explica E. M. P.

De los diferentes usos del patio da cuenta también M. P. C.: «As casas tiñan un cacho para atrás, alí puxemos un río, unha mesa, unhas despensas, tiñamos animais… un tempo incluso tivemos un porco, pero era moito olor… coma quen di era telo dentro da casa». Los vecinos que no podían permitirse la cría de un cerdo debían conformarse con el llamado «porco dos pobres», es decir, jurel descartado del proceso de salazón por su tamaño.[47] Por su parte, F. C. V. recuerda que su familia también utilizó el patio para plantar una parra.

Por otro lado, como era habitual, las deficiencias en la construcción y la precariedad de los materiales originaban múltiples problemas en las viviendas. Así lo relata F. C. V.: «As casas non valían para nada. Cementos levaban moi pouco. Tocabas a parede co dedo e desfacíala. Había humidades, e os tellados… a algúns desfondóuselle, estaban mal construídas». Una evaluación similar a la que realizan E. M. P.: «As casas fixéronse nun sitio que lle chamaban o Xabres. O terreo era pura area, e as casas fixéronse tamén con area, o cemento debérono poñer contado. Cravabas unha punta e víñase todo para abaixo», y M. P. C.: «Eran unha "porquería", eran de area, arrimabas unha cadeira á parede e xa caía o cemento. Os tellados… houbo que

[46] Archivo del Reino de Galicia. Fondo sindical. Caja 40793. Expediente 2376-1.

[47] Fuente disponible en línea en <https://concellodeares.gal/es/vida-marinera/>.

Imagenes 25 y 26. Fachadas de unas viviendas del grupo Salvador Moreno. Fuente: autoría propia.

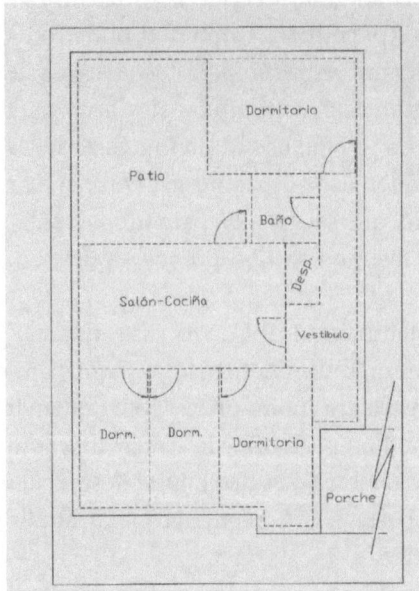

Imagen 27. Reconstrucción de un plano de ampliación de la vivienda. 1973. Fuente: elaboración propia a partir de documentación cedida por J. M. C.

arranxalos case todos, que estaban "fastidiados", Eran "casas baratas" por algo». Además, los servicios también fueron limitados y su instalación tardía, pues la red de sumideros, el alumbrado público o el abastecimiento de agua se instalaron años después de su entrega.[48] «Ao principio non había auga, íamos á fonte que está xunto á Igrexa, as veces había cola para collela, e había ducha, pero non auga quente».[49]

A diferencia de las viviendas protegidas de Ribeira, el grupo de Salvador Moreno contaba con una tienda de comestibles —se trataba de uno de los dos inmuebles asignados al conserje, comercio regentado por esta misma persona—, convertida a su vez en taberna, en línea con la pretensión del régimen de dotar a los conjuntos de viviendas de los servicios necesarios para su autoabastecimiento. En este sentido, los polígonos de vivienda protegida acostumbraban a contar con servicios como delegaciones de algunas instituciones estatales, comercios, iglesias o espacios de ocio, como el Hogar del Pescador, cuya construcción se demoró más de lo habitual en el caso de Ares. No fue hasta el año 1980 cuando se inauguró, dotada de áreas de atención médica —sala de espera,

[48] *El Correo Gallego*, 28-2-1960, p. 9. «Ares. Actividades de la Falange local».
[49] Entrevista a F. C. V. Ares. 22-8-2023.

consultorio médico, sala de curas y de rayos X—, un aula de recreo, servicios de la Cofradía de Pescadores —oficinas, salas de actos y reuniones— y un sótano destinado al almacenaje de los aparejos de pesca.[50]

En cualquier caso, esta idea del grupo de viviendas concebido como una unidad propia —de ahí la denominación oficial que recibieron las viviendas de marineros: poblados de pescadores— apenas tuvo recorrido, y los poblados de pescadores derivaron en barrios, que en muchos casos constituyeron simples construcciones aisladas (Ansola, 1992: 256-257). En coherencia con estos hechos, aunque el grupo de viviendas Salvador Moreno contaba con un comercio que también operaba como taberna, en ningún caso funcionó de manera hermética, pues la

Imagen 28. Plano de situación de las viviendas del grupo Salvador Moreno. Fuente: Vuelo Americano Serie B 1956-1957.

vida de los vecinos se articulaba también fuera del mismo, tanto para el cumplimiento de tareas varias como para el ocio, sobre todo en el caso de los hombres, que acostumbraban a encontrarse también en otro bar situado en el puerto, lugar en el que era habitual un elevado consumo de bebidas alcohólicas.

> Os mariñeiros íamos moito ao bar, daquela xogábase moito ao dominó e ás cartas. No Avenida [un bar situado en el puerto], cando chegaban a porto os mariñeiros do cerco, o dono poñía unha fila de vasos de caña branca con azucre. Naqueles tempos bebíase moitísimo... Antes de ir ao mar os mariñeiros xa pasaban polo bar, e bebían, caña, coñac...[51]

> Bares había moitos. Os homes segundo saían do mar ían «facer a ruta diaria». Xa había un bar ao que lle chamaban a «borrachería», o bar dos mariñeiros... Tamén se reunían moito na de Laureano, que era tenda de comestibles, pero tamén tiña bar [...]. As mulleres xuntábamos nas casas. Algunha que outra vez íamos os domingos aos cine.[52]

---

[50] *La Voz de Galicia*, 14-3-1980, p. 34. «Ares: próxima inauguración de la Casa del Pescador».

[51] Entrevista a F. C. V. Ares. 22-8-2023.

[52] Entrevista a E. M. P. Ares. 11-8-2023.

Imagen 29. Procesión del día de la Virgen del Carmen.
Fuente: L. Cendán (2002), p. 107.

Acerca de las festividades, además del día de la Virgen del Carmen, patrona de los marineros, destacaba el día de San Juan, que los residentes del grupo de viviendas celebraban de forma comunitaria, forjando y reproduciendo la identidad vecinal alrededor de dicha celebración. «Xuntábase alí toda a xente das "casas baratas", facíanse as sardiñas asadas e as patacas cocidas. Nós tiñamos unha mesa no patio, e sacábana para a praza, e poñían alí as sardiñas e as patacas», recuerda M. P. C.

Vida marinera

El bajo nivel de vida de los trabajadores del mar fue uno de los factores más determinantes de la estructura sociolaboral de las familias marineras de la época. El carácter pluriempleado de la mayoría de los marineros da buena cuenta de las dificultades materiales derivadas de una fuente de ingresos tan inestable como la pesca. Una realidad que acentuaba los problemas para el sustento de necesidades básicas, como el derecho a la vivienda, ya de por sí de difícil acceso para el grueso de las clases trabajadoras.

Imagen 30. Puerto del pueblo de Ares. En primer plano, el yugo y las flechas, símbolo de FET-JONS. 1955. Fuente: L. Cendán (2002), p. 30.

A vida mariñeira era moi dura, pasábanse canutas. Dunha vez, como viña mal tempo e non se podía ir ao mar non podía pagar a casa —na que residía antes de acceder a unha das vivendas protexidas—, e o dono veunos dicir que ou pagábamos ou nos íamos. Tiven que pagar co subsidio dos fillos.[53]

Frente a la irregularidad de ingresos derivada de la pesca, la mayoría de las mujeres acostumbraban a desarrollar ocupaciones fuera del hogar a la búsqueda de ingresos, tales como la labranza o el servicio doméstico en residencias turísticas. «Se non se gañaba no mar non había que comer, e tiña que moverme eu. Cando traballaba as terras levaba aos rapaces comigo, e cando nos daban a merenda dáballa a eles», explica E. M. P., que también trabajaría en una de las fábricas de conserva del pueblo, situadas a lo largo del paseo marítimo: «Había almacéns de peixe e fábricas de conserva. A maioría das mulleres traballaban alí. Logo xa polos sesenta moitas foron servir ás casas de turistas».

El caso de E. M. P. es solo uno más de las muchas mujeres empleadas en la industria conservera (Muñoz Abeledo, 2024: 347-353), las llamadas *envasadoras*. En general el proceso de tratamiento y preparación del pescado era un sector emi-

---

[53] Ibídem.

nentemente feminizado: las mujeres se encargaban, en primer lugar, de la descarga del pescado —mayormente sardina—, transportado en cestas —llamadas *paxes*— desde los barcos que arriaban a la entrada de la ría hasta el puerto. Una labor que se realizaba con la bodega del barco llena de agua para facilitar la conserva y el transporte del pescado, de modo que las trabajadoras cargaban el material con parte de su cuerpo sumergido. Posteriormente se llevaba a cabo en las fábricas el proceso de salazón y prensado, utilizándose el saín resultante para el alumbrado de lámparas, pintura o abono.

Era una ardua tarea caracterizada por los elevados ritmos de trabajo y el frío, que las trabajadoras trataban de combatir con el «mezclado», combinación de vino dulce y aguardiente. En paralelo, a las mujeres se les encomendaba también el comercio del pescado.[54]

> A miña muller, coma outras, traballaba nun almacén de sardiñas. Lembro que chegaban os barcos ao porto cargados de sal, e as mulleres cargaban sacos na cabeza coa auga ata a cintura. […] As mulleres tamén ían vendelo peixe. Moitas veces chegaba eu as 3 da mañá de traballar, levábamos o peixe para a confraría, e ela cargábao, metíao no taxi e marchaba para a Coruña a vendelo. Unha vida moi dura.[55]

Otra de las actividades derivadas del sector pesquero más destacadas era el trabajo con las redes de pesca, que en el caso de Ares adoptaba un método propio, como recuerda E. M. P.: «Tamén había uns almacéns para as redes. Bañábanse en chapapote e logo estirábanse nuns madeiros gordos, ou nos campos, e deixábanse a secar. Niso traballaban homes e mulleres». El relato de este testimonio se refiere a las cabrias, estructuras de madera para el secado de las redes de pesca, que al ser de algodón se pudrían con el efecto del salitre, por lo que necesitaban un proceso de secado tras el trabajo en el mar. Esta labor, una de las más características y conocidas del municipio, se desarrollaba en Redes.

Comprobamos así que, a pesar de los esfuerzos del régimen por recluir a las mujeres en el ámbito doméstico, el trabajo alrededor del mar no solo ocupaba a los hombres, también incluía a las mujeres. Y no solo las mujeres de familias marineras desarrollaban trabajos fuera del hogar. Para muestra tenemos el caso de M. P. C., que cambió su pueblo natal, Miño, para trabajar como empleada del hogar en Ares, donde también ocupó la profesión de jornalera agrícola: «Eu traballaba de labradora, nas leiras por aí, por dez pesetas que nos daban ao xornal… o dono onde traballaba eu era malo coma o demo, pero había que aguantar. Traballabas e comías pouco».

[54] Fuente disponible en línea en <https://concellodeares.gal/es/ares-ultramarino/>.
[55] Entrevista a F. C. V. Ares. 22-8-2023.

Imagen 31. Secado de redes en las cabrias. Redes, 1960.
Fuente: J. Freire Camaniel (2019), p. 23.

Imagen 32. Cabrias situadas en la playa. Redes. Años sesenta. Fuente: L. Cendán (2002), p. 55.

Imagen 33. Personas trabajando con las cabrias.
Fuente: L. Cendán (2002), p. 93.

Otro de los elementos más destacados entre los testimonios son las duras condiciones del sector pesquero, más aún en un tiempo en el que las infraestructuras de trabajo eran limitadas y muy arcaicas. En Ares, un puerto de tamaño medio, aún a mediados del siglo pasado pervivían modalidades de pesca artesanal, por ejemplo, el empleo de barcos de remo, y en general los navíos no disponían de los instrumentos de trabajo propios de aquellas zonas en las que se había asentado la pesca industrial.

> Eu comecei nunha embarcación a remos, con catorce anos [en el año 1951]. Ao cabo duns anos fun para o cerco, nun barco no que íamos uns vinte homes. Daquela non había aparatos, había que levantar as redes a man. Durmíamos enriba de táboas no barco, non como agora que hai camas. Nin había radar nin sonar nin nada diso, íamos co rumbo do compás, a «trompicóns». As veces de noite, cando había moita néboa, tíñamos que parar o motor a ver se sentíamos o ruído da costa. […] A embarcación que eu tiña debía ter uns dez metros e era moi vella, había que poñer remendos de chumbo por fóra.[56]

[56] Entrevista a F. C. V. Ares. 22-8-2023.

Imagen 34. Personas trabajando con las cabrias.
Fuente: L. Cendán (2002), p. 95.

La ausencia de un marco laboral de garantías y la limitada cobertura del sistema de prestaciones sociales endurecían la vida en el mar. Además, los representantes de las cofradías de pescadores, instituciones encargadas de administrar los seguros sociales de los marineros, a menudo convertían estos derechos en canales de lucro personal, apoderándose de parte de los subsidios. Estas prácticas corrían sobre todo a cargo de los secretarios, cargo que en la Cofradía de Pescadores de Ares ocupaba A. F. V., conocido como Fuciños, al que los testimonios de los informantes dirigen diversas acusaciones.

> Na Confraría de Pescadores pagábamos a Seguridade Social, pagábamos unha cota mensualmente e o Fuciños era o que administraba. Daquela, nos tempos franquistas facíase moita trampa. Eu desconfiaba moito de que o que facía o Fuciños valese para cotizar...[57]

---

[57] Ibídem.

No Pósito arranxábanse as cousas dos mariñeiros. Levábanse as contas do que pesca-
ban, os permisos, os pagos da seguridade social. O meu home cando se retirou non tiña
pagados todos os anos que estivera no mar porque o funcionario se fóra quedando con
cartos.[58]

Otras atribuciones recaían también en manos del personal de las cofradías,
como la concesión de créditos para la modernización pesquera, también sometida
a irregularidades.

Fíxenme socio con outro que andaba no mesmo barco e compramos unha embarcación. Valera corenta mil pesetas, compreina coa axuda dun tío meu e fomos pagando
como puidemos. Aos 63 anos xubileime e vendín o barco. Lembro que cando mirei de
comprar a embarcación, outro mariñeiro tiña pedida á Confraría un crédito de trinta
mil pesetas para unha, e falou comigo e díxome «Mira, se queres pasamos o préstamo
para ti».[59]

En suma, las cofradías de pescadores eran en muchos pueblos marineros la
institución más importante junto a la casa consistorial, situación que convertía
a sus representantes en figuras de gran poder, en especial a los secretarios, cuyo
capital social emanaba también de su papel como representantes locales del ISM.
En no pocas ocasiones estos eran los encargados de administrar las escrituras de
compraventa de los terrenos en los que se proyectaba la construcción de casas para
pescadores, tal como ocurrió en el caso de Ares.

Con todo, esta dinámica no solo se reproducía en las cofradías. Tras la disolu-
ción de los sindicatos de clase el equilibrio de poder resultó claramente favorable
a los armadores, que disfrutaron de una posición de fuerza en la negoción de las
condiciones laborales, ya que además la dictadura los exoneraba del cumplimiento
de su propia legalidad laboral. Por ende, fueron habituales las maniobras de evasión
de las obligaciones contractuales por parte de los armadores.

Moitos armadores non daban de alta aos mariñeiros, eu fun ao mar dende os catorce
anos pero non os teño todos cotizados, era un desastre. Recordo un armador que me
dicía: Nunca tan ben vivín coma con Franco, non había que pagar impostos nin había
que pagar nada. Eu non entendo como dicía iso, que o pai estivo preso e estiveron a
punto de matalo, non me explico como os fillos podían «ser da ditadura».[60]

---

[58] Entrevista a E. M. P. Ares. 11-8-2023.
[59] Entrevista a F. C. V. Ares. 22-8-2023.
[60] Ibídem.

Cariño y Espasante: grupo Cabo Ortegal y grupo Pedro Chao

Promoción de las viviendas

A diferencia de otros ayuntamientos de características poblacionales semejantes, en Ortigueira no se construyó un único grupo de viviendas para marineros, sino dos, el grupo Pedro Chao, situado en la parroquia de Espasante, y el grupo Cabo Ortegal, en Cariño, parroquia que desde 1988 se convirtió en un municipio propio. No por casualidad estas viviendas estuvieron pensadas para los marineros, pues se trataba de los dos principales puertos pesqueros del ayuntamiento, pero esta no fue la única similitud entre los grupos Cabo Ortegal y Pedro Chao, ya que su promoción e inauguración fue prácticamente paralela. La trayectoria de los acontecimientos fue la siguiente:

En julio de 1942 la Obra Sindical del Hogar envía a la Jefatura Nacional la propuesta de construcción de viviendas sociales en diversos municipios, entre ellos el de Ortigueira, concretamente en los núcleos de Cariño y Espasante. En marzo de 1944 la corporación municipal de Ortigueira decide cederle a la OSH dos solares de propiedad municipal en dichas localidades destinados a la construcción de viviendas para este grupo profesional. Un total de cuarenta eran los inmuebles que se pensaba construir en Cariño, mientras que en Espasante el plan contemplaba edificar veinticinco viviendas.

«Entre los pescadores de los dos puertos citados reina enorme entusiasmo ante la ayuda social que les vienen prestando los organismos del Nuevo Estado». Así recogía un reportaje del diario *La Voz de Galicia* la alegría que manifestaban los vecinos de Cariño y Espasante al conocer la noticia.[61] Sin embargo, los futuros beneficiarios aún tendrían que esperar diez años para ver los inmuebles en pie. Una vez acabada su construcción, en junio de 1954 se abrió el plazo de solicitud para el

---

[61] *La Voz de Galicia*, 3-9-1944, p. 2. «El ayuntamiento de Ortigueira hace donación de terrenos para la construcción de viviendas protegidas».

acceso a las viviendas, entregadas a sus nuevos ocupantes en el transcurso del año siguiente.[62]

Casi dos décadas más tarde, el ISM contempló la posibilidad de construcción de viviendas para pescadores en Cariño y Espasante. En octubre del año 1971 algunos representantes de esta institución y de las cofradías de pescadores de varios puertos pesqueros de la costa norte gallega —desde Ferrol hasta Ribadeo— mantuvieron una reunión para abordar diversos temas sobre el sector pesquero, entre ellos la promoción de viviendas para los trabajadores de este grupo profesional.[63] No obstante, de la inexistencia de más referencias tanto hemerográficas como archivísticas se deduce que la propuesta se quedó en papel mojado, aun cuando la vivienda seguía representando un problema para los marineros veinte años después de la inauguración de los grupos Pedro Chao y Cabo Ortegal, tal como lo hacía constar en 1974 el Patrón de la Cofradía de Pescadores de Cariño:

> Cariño, como puerto pesquero, que día a día se ve crecer tiene un gravísimo problema con la vivienda, y en la actualidad carece de una barriada para pescadores bien en activo o bien retirados, por lo que sería importantísimo que por los organismos correspondientes fuesen mirando de construir unas viviendas.[64]

Por su parte, el alcalde de Ortigueira señalaba en el año 1976 la escasez de viviendas como una de las principales cuestiones a solucionar en el municipio. En sus declaraciones aludía además a las trabas a las que se estaba viendo sometido otro proyecto de cincuenta viviendas sociales y dos locales comerciales, aprobado por la OSH en año 1969, y para cuya ejecución la corporación local había decidido cederle a dicha entidad dos solares, de 2000 m² y 4250 m², en la zona de la Preguiza, en el núcleo urbano del ayuntamiento, Santa Marta de Ortigueira. Un proyecto que, como muchos otros, tardaría años en ver la luz y que, igual que otros tantos planes de vivienda promovidos en los años finales del franquismo, acabaría por llevarse a cabo ya durante la democracia, a manos de otras instituciones.

> Hay solamente cuarenta viviendas construidas en el año 1953, trece años más tarde, o sea en el año 1969, nos habían concedido cincuenta viviendas más. Se hizo el proyecto, que se aprobó, y cuando salieron a subasta, los presupuestos habían quedado desfasados. Se hizo un reajuste, pero volvió a ocurrir los mismo.[65]

[62] La Voz de Galicia. 12-9-1955, p. 2. «Delegación Provincial de Mutualidades Laborales».

[63] La Voz de Galicia. 3-10-1971, p. 3. «Transcendencia de la reunión interprovincial de hoy en Cedeira».

[64] La Voz de Galicia. 9-10-1974, p. 5. «Cariño. Urge una clínica de servicios permanentes y viviendas para los pescadores».

[65] La Voz de Galicia. 27-7-1976, p. 30. «Juan Luis Pía Martínez, alcalde de Ortigueira. Viejas aspiraciones: Instituto polivalente y construcción de viviendas sociales».

Corresponde aquí realizar una aclaración al respecto del testimonio del mandatario ortigueirés: las cuarenta viviendas a las que se refiere no son las del grupo Pedro Chao, construidas en la parroquia de Espasante, sino los inmuebles del grupo Jesús Crespo Bello, edificadas en el año 1955 por medio de la OSH en el mismo espacio escogido décadas más tarde para la edificación de las cincuenta viviendas y dos locales comerciales antes mencionados.

Entrega y beneficiarios

La fórmula más repetida para la selección de los beneficiarios de una vivienda protegida era el sorteo público, tal como ocurrió tanto en Ribeira como en Ares, sin embargo, no tuvimos constancia de dicho sorteo para estos casos a través de ninguna de las fuentes consultadas en esta investigación. Ni la hemeroteca ni la documentación de archivo recogen información sobre la celebración de este, como tampoco la memoria oral, pues ninguna de las personas entrevistadas mencionó este procedimiento, lo que hace indicar su inexistencia. Por otra parte, la ocupación de las «casas baratas» de Espasante y Cariño contó con una particularidad que la diferencia de los casos anteriores: la alta tasa de rotación entre los beneficiarios. Se trata de una variable que en términos de investigación acrecentó las dificultades para reconstruir el procedimiento de entrega de las viviendas, pues solo uno de los testimonios con los que pudimos contar accedió a uno de los inmuebles tras su inauguración.

Esta cuestión parece estar estrechamente relacionada —al menos en el caso de Cariño— con los problemas de muchos vecinos para efectuar el pago de las cuotas estipuladas en los contratos, que en el grupo Cabo Ortegal era —según la versión de varios de los testimonios— de cien pesetas mensuales, además de una entrada cifrada en 3500 pesetas. En el caso del grupo Pedro Chao, la documentación facilitada por P. F. M. C. recoge un valor total de 37 293,70 pesetas por cada vivienda, cuyo coste mensual era de 131,05 pesetas, a lo que se sumaba una fianza de 348,39 pesetas, que debía ser reintegrada a los beneficiarios en un plazo máximo de dieciocho meses.

Así pues, a pesar de que el precio de la vivienda estaba regulado, la limitada capacidad económica de muchas familias causó importantes dificultades al respecto, provocando la movilidad de los vecinos que adeudaban varios pagos.

> Viñeron as casas baratas e a xente queríaas con loucura, pero moita xente colleu as casas e logo non podía pagalas… e botárona. Víñanos cobrar un traballador de Correos,

e cando viña non se sentía unha pota nas casas, a xente facía como que non estaba. [...] Moita xente tiña problemas para pagala, e recorría a Santa Lucía, o dos seguros, que che prestaban cartos. Tenme dito a min o xestor que lle teñen prestado a xente que tiña problemas para pagar a casa... familias de moitos fillos, el sabía dos problemas e financiáballe.

Estas declaraciones son de A. Y. D. (Cariño, 1949), vecina del grupo Cabo Ortegal, al que accedió junto a sus dos hermanos y sus padres luego de que su antigua casera, apodada A Violetera, sufragase los atrasos de la anterior inquilina, que ascendían a 8000 pesetas. La entrada en la vivienda se produjo en el año 1960, un lustro después de la inauguración, un patrón que se repite en el resto de los testimonios que conforman nuestra base de entrevistas. Es el caso de L. Y. P. (Espasante), que se mudó con su marido y su hijo a una de las viviendas del grupo Pedro Chao casi una década después de su entrega (1964), reemplazando a la familia que había estado residiendo en ella. «Pagámoslle a B. unha diferencia e quedamos coa casa que estaba libre. [...] B. era o que levaba o das casas»,[66] explica L. Y. P., que relata también el papel de mediación de esta persona, encargada de gestionar la entrada de los inquilinos en los inmuebles, cuyo perfil no hemos conseguido radiografiar con exactitud.

La familia de B. B. C. (1968, Espasante) también ingresó en una de las viviendas protegidas del grupo Pedro Chao años después de la entrada de los primeros beneficiarios, en concreto en 1962. Similar es la historia de P. F. M. C. (1959, Espasante), que desde 1961 se convertiría en vecino del grupo: «Sei que meus pais foron a Ortigueira e solicitaron a casa. Cando viñemos para aquí xa había xente vivindo nelas».

En cariño el procedimiento fue idéntico. Para muestra tenemos el caso de M. C. L. F. (1941, Cariño), que accedió a una de las viviendas del grupo Cabo Ortegal en 1964, si bien apenas un año después emigró con su marido a Ondárroa (Bizkaia), cuando este se enroló en un barco de pesca en altamar con base en este municipio. Como explica este testimonio, también el secretario de la Cofradía de Pescadores Nuestra Señora del Carmen de Cariño era el encargado de administrar los trámites de acceso: «As vivendas entregábaas C. R, solicitábanse alí na Confraría. Cando había unha casa baleira era o che xestionaba». Un procedimiento también sometido a irregularidades, como señala A. Y. D.:

Nós vivíamos nunha casa de alugueiro, e a nosa caseira, a Violetera, queríanos botar. Miña nai díxolle: «Se me consegues outra casa, pero unha que eu poida pagar, voume», porque daquela non había casas para obreiros. [...] A Violetera foi falar coa Confraría... non había moitas casas libres, había máis solicitudes que casas. Ela, que tiña cartos,

---

[66] Se refiere a B. B. B., armador y unos de los miembros de la Cofradía de Pescadores de Espasante.

moveuse, eu non sei se lle pagou ao da confraría, se lle tocou por sorteo... eu penso que foron os da confraría que manipularon facendo un favor.

A. Y. D. expone a su vez una de las principales consecuencias de estas prácticas corruptas, la ya citada apropiación de uno o varios de los inmuebles por parte del personal sindical; unos hechos constitutivos de un generalizado agravio entre los vecinos, pues cabe recordar que las viviendas protegidas estaban diseñadas para los estratos populares, en este caso el grupo profesional de los marineros.

Había que ir á Confraría facer unha solicitude, que eran os que movían os fíos, os caciques da confraría... eran os que mandaban, que llas deron aos que quixeron, sexa por recomendación sexa por outra cousa. Facían o que lles daba a gana, se tiñan unha amizade poñíana diante [...]. Se me acordo eu que V., que traballaba na confraría quería quedarse cun portal enteiro, con oito casas, e non tiña fillos nin tiña nada. Había chanchullos, o que fai a lei fai a trampa.

Así pues, en lo que respecta al perfil socioprofesional de los beneficiarios no hemos podido reconstruir de manera pormenorizada el patrón de habitantes de las viviendas ni por ende completar una base de datos al respecto. El vacío archivístico que pesa sobre estos casos de estudio ha restringido la posibilidad de apoyarse en fondos documentales para tal fin, sin embargo, gracias a las fuentes orales sí ha sido posible determinar algunas tendencias. En primer lugar, si bien conocemos casos de apropiación de las viviendas por parte del personal sindical como el anteriormente expuesto por A. Y. D., y aunque entre el vecindario de los dos grupos encontramos distintas profesiones, la mayor parte de los titulares eran marineros, es decir, los destinatarios de las viviendas respondieron a la planificación de la OSH. Las biografías de los propios testimonios reflejan este patrón.

Marineros eran tanto el padre de P. F. M. C. y el marido de I. Y. P., vecinos del grupo Pedro Chao, como el cónyuge de M. C. L. F. y el padre de A. Y. D., residentes del grupo Cabo Ortegal. Casos como los de B. B. C. fueron menos habituales, pues el titular del inmueble, su padre, era albañil de profesión. Su madre, además de encargarse de las tareas del hogar y de la labranza, también era empleada del sector hostelero. El pluriempleo, rasgo común de las comunidades marineras, no era una excepción entre las mujeres de Cariño y Espasante, que compaginaban las ocupaciones del hogar con otros trabajos, cuestión a la que prestaremos una atención más pormenorizada en otro apartado.

Normalmente o home traballaba e a muller tamén, pero na casa, que non se consideraba traballo. E cando viña o verán e había que ir as colleitas, levantábanse coa luz do día. Miña nai no verán traballou tamén nos hoteis, facendo camas, nas cociñas… e ao acabar volvía á casa, facer a compra e deixar preparada a comida, daquela aos homes había que terlles a comida…[67]

En lo que respecta a la estructura familiar, lo más común fueron los matrimonios con hijos. «A maioría eran de aquí de Espasante, ou xente que casara con alguén de aquí. Matrimonios mozos con fillos, aínda que tamén había dous matrimonios moi maiores», aclara B. B. C. en el caso del grupo Pedro Chao, una versión similar a la que expone E. P. L. para las viviendas de Cariño: «Eran matrimonios sobre todo, xente solteira daquela había pouca […]. Daquela estaba todo abarrotado. Houbo quen tivo aí dez ou once fillos, daquela non era coma hoxe». Un modelo familiar caracterizado por el elevado número de hijos que, como hemos visto, ayudó a la idealización que el franquismo proyectó sobre los marineros, tal como ocurrió con los labradores.

Como también se ha mencionado, otro rasgo común entre ambos grupos de viviendas fue la alta tasa de rotación, muy relacionada además de con la incapacidad para sufragar la financiación de los inmuebles, con el proceso de emigración. En realidad, la ola migratoria hacia los países europeos con mayor tasa de desarrollo económico fue un factor común en Galicia durante los años sesenta y setenta, aunque en el caso de Ortigueira —cuyo flujo migratorio se concentró principalmente en Francia— afectó directamente a los beneficiarios de las viviendas protegidas. Este fue el caso de los padres de B. B. C., el de la madre de P. F. M. C. y también el de E. P. L. (1934, Cariño), que tras años como empleada en una fábrica de conservas de Cariño accedió a una de las viviendas del grupo Cabo Ortegal, para más tarde emigrar a Francia con su marido, empleado del sector ferroviario.

De hecho, E. P. L. pudo adquirir en propiedad el inmueble mientras residía en el extranjero. «Cando se venderon eu estaba en Francia. Tiven que ir ao consulado español a firmar», recuerda. Esto aconteció cuando la OSH facilitó la posibilidad de que los inquilinos comprasen las viviendas, repitiendo el *modus operandi* utilizado con las viviendas protegidas: «Para facerse coa casa houbo que ir á sindical á Coruña. Iso foi no 83», recuerda M. C. L. F. Como en el caso de Cariño, los vecinos del grupo Pedro Chao también pudieron acogerse a las fórmulas propuestas por la OSH para hacerse con la vivienda en propiedad: «No 1979 déronos a opción de pagar o que quedaba, e todos collemos esa opción. Nós tivemos que poñer as 4700 pesetas que faltaban».[68]

[67] Entrevista a B. B. C. Espasante. 20-9-2023.
[68] Entrevista a P. F. M. C. Espasante. 20-9-2023.

Barrio y viviendas

El grupo Pedro Chao estaba formado por un total de veinticuatro viviendas, divididas en dos bloques de edificios, que a diferencia de los anteriores no disponían de
una sola altura, sino de dos, una planta baja y un piso alto. Respecto a su estructura,
los inmuebles seguían un esquema similar a las viviendas de Ares y Ribeira: salón-
cocina, dos dormitorios, baño y despensa.

También a diferencia de los grupos Salvador Moreno y José Antonio, el grupo
Pedro Chao se dotaba de un conjunto de galpones, situados en la parte posterior de
los inmuebles, separados de los mismos por una pequeña plaza, construidos, eso sí,
varios años después del estreno de las viviendas. La hemeroteca permite registrar
que no fue hasta 1963 cuando la osh abrió un concurso público para la construcción de unas instalaciones[69] cuyo uso sería similar al de los patios y los jardines de
los que disponían las viviendas de Ares y Ribeira respectivamente, es decir, la cría
de animales y el almacenaje de cosechas y aparejos de pesca y labranza. Además,
las viviendas contaban con una pequeña parcela de terreno, situada detrás de los
galpones, que algunos vecinos aprovecharían para el cultivo de alimentos o para el
trabajo con las redes de pesca:

> Nas chabolas, que debían ter uns 18 m², poñíanse os aparellos de ir ao mar, había
> xente que tiña animais tamén. Detrás había campo. Temos plantado cenorias, leitugas,
> allos… e o campo tamén o usaban para coser as redes. Poñíanse alí as atadoras a reparar
> as redes.[70]

El grupo no estaba dotado de servicios propios, aunque uno de los inmuebles
hacía a la vez de peluquería, y en las proximidades del conjunto de viviendas, al otro
lado de la calle, se localizaba una tienda de comestibles y servicios varios: «Había
un ultramarinos, que era tamén taberna, alí facíase moito a compra, íase chamar
por teléfono […]. Ao redor das casas estaban os taxistas, o médico, a parada de
bus, estaban alí todos os servizos do pobo».[71] Durante un corto periodo de tiempo
la oficina de la Cofradía de Pescadores de Espasante se situó también en una de las
viviendas, para más tarde ser trasladada al puerto. Ya en 1976 sería inaugurado el
Hogar del Pescador, donde se instaló también la cofradía.

La necesidad de contar con un edificio destinado a la Casa del Pescador venía
siendo reclamada —precisamente— por parte de la propia cofradía desde años atrás.

---

[69] *La Voz de Galicia*, 30-4-1963, p. 10. «Obra Sindical de Hogar y Arquitectura. Anuncio de concurso-subasta».
[70] Ibídem.
[71] Entrevista a B. B. C. Espasante. 20-9-2023.

Imágenes 35 y 36. Bloques de viviendas del grupo Pedro Chao. Fuente: autoría propia.

Este puerto cuenta con una flota integrada por más de cincuenta embarcaciones y de las cuales veintitrés unidades se dedican a la pesca del Bonito y Bocarte, con un censo superior a quinientos tripulantes. Se carece de Edificio Social apropiado en donde albergar los distintos servicios en favor de la gente del mar. Tanto es así que las dependencias administrativas de la Cofradía y de la Delegación Local del ISM tienen su sede en una pequeña y ruinosa habitación alquilada en esta localidad, a todas luces inadecuada, impresentable e insuficiente.[72]

Tras años de gestión, la edificación de la Casa del Pescador daría comienzo en 1972 sobre unos terrenos de propiedad municipal, situados a escasos metros del grupo Pedro Chao. El inmueble, cuyo valor alcanzaría un coste de 4 500 000 pesetas, sufragadas mayormente por la cofradía —pues solo el Sindicato Nacional de Pesca realizó una aportación de 200 000 pesetas—, contaría con los servicios de atención médica y la oficina del ISM en la planta baja y una cafetería, sala de espera, oficina de la cofradía, salón de actos y el despacho del patrón mayor en el piso de arriba.[73]

«Na Confraría estaba o dos subsidios dos mariñeiros, pagábaselle as viúvas, estudos para ir mariscar, vendían salvavidas, roupa de augas, botas… máis baratas que noutros sitios», recuerda P. F. M. C. El principal encargado del funcionamiento de esta institución era el secretario, A. C. P., a su vez maestro del colegio de Ortigueira, y sobre el que pesan acusaciones de corrupción, denuncias que se repiten también en el caso de su homólogo cariñés: «Levaba as pensións e cousas da xente do mar. Coa xente que non sabía moito aproveitábase, dáballe de menos».[74]

Daquela a Confraría tiña moito poder. Había chanchullos, sempre era moi criticada, había xente sen paga porque non lles tiñan as cousas ben […]. Pedían subvencións, para

[72] Archivo del Reino de Galicia. Fondo sindical. Caja 53065.
[73] Entrevista a B. B. C. Espasante. 20-9-2023.
[74] Entrevista a L. Y. P. Espasante. 20-9-2023.

Imagen 37. Galpones del grupo Pedro Chao. Fuente: autoría propia.

Imagen 38. Casa del Pescador en construcción. Fuente:
Archivo del Reino de Galicia. Fondo sindical. Caja 53065.

un barco por exemplo, e o barco non aparecía, quedábanse con elas. Houbo xente que se fixo rica coa Confraría.[75]

Continuando con el caso de Espasante, el centro del pueblo, cercano a las viviendas, estaba dotado de otros servicios, como las tabernas, habitual lugar de reunión de los hombres. «Os homes ían ao bar ver a televisión, ou tomar uns chatos, xogar

[75] Entrevista a A. Y. D. Cariño. 11-12-2023.

a partida. As mulleres… daquela era todo machismo».[76] Una fractura de género que afectaba también a los más jóvenes. «Os rapaces íamos á praia, xogábamos a indios e a vaqueiros, ao fútbol, xogábamos por aí por calquera lado. Elas máis ben xogaban ás gomas, á chapa… eran outros anos, eran tempos de Franco».[77] Asimismo, Espasante contaba en aquel momento con dos escuelas municipales, de carácter no unitario, a las que acudían chicos y chicas hasta los ocho años, cuando debían trasladarse al principal núcleo del municipio, Ortigueira, para continuar los estudios.

Así recuerda P. F. M. C. el tratamiento recibido por el maestro del colegio masculino y el poder de influencia de esta persona: «O mestre era franquista, era duro. Pegáballe a todo Dios! E con forza eh! Unha vez o meu pai citouse con el na praia, e B., que tiña moita influencia díxolle: "Non vaias, que este ten moita forza que é franquista, chama a Garda Civil e lévate"».

En las inmediaciones del grupo se erigiría, años más tarde, un lavadero municipal del que hacían uso las mujeres, y que con el paso del tiempo acabaría soterrado por las crecidas de agua del río, hasta quedar inutilizado. Y es que por el emplazamiento del grupo de viviendas, en paralelo al río y muy cerca del mar, se padecían continuas inundaciones que afectaban gravemente a los inmuebles, como recuerda P. F. M. C. «Aquí o mar pegaba moito, unha vez rompeu tres chabolas, aos que vivían abaixo "fastidiaballe" as camas, "estropeaballe" todo… lembro que cando había riada ás mulleres lavaban aquí, nas escaleiras». Los propietarios trataban de paliar rudimentariamente este problema, como explica B. B. C.:

> A zona na que se fixeron, ao lado do mar e pegadas ao río… había inundacións, cada vez que viñan arruinaba moitas vidas. As que estaban pegadas ao río inundábanse máis. Lembro de nena ter que subir ao piso de arriba, e que a xente ía en barca entre as casas […]. Empezamos a poñer sacos para parar a auga, e logo foise collendo experiencia e puxéronse uns «raíles».

Al problema de las inundaciones se añadían otros más conocidos, como la deficiente cimentación, el escaso aislamiento o el reducido espacio en el que se veían obligados a convivir los miembros del grupo familiar:

> A calidade era baixa… cando reformamos a casa levamos un susto, porque levantamos a plaqueta e non había nada, non había cimentación. Eran moi limitadas, a miña nai porque lle deron a opción de alugar a de arriba, que a señora que a tiña non vivía allí, porque se non… eramos tres fillos.[78]

---

[76] Entrevista a P. F. M. C. Espasante. 20-9-2023.
[77] Ibídem.
[78] Entrevista a B. B. C. Espasante. 20-9-2023.

Imagen 39. Plano de situación de las viviendas del grupo Pedro Chao.
Fuente: Vuelo PNOA 2017.

Esta situación obligaba a los propios vecinos a hacerse cargo de los arreglos. «Logo cando xa se respiraba economicamente a xente foi arranxando as casas. Botaron moitos anos sen reformarse, mentres un criou os fillos… incluso algún fillo foi o que arranxou a casa de seus pais».[79] La falta de iniciativa de las autoridades políticas en esta materia era notable, pues los años de demora en las rehabilitaciones, que además se centraban en los servicios comunitarios y no en los propios inmuebles, fue un rasgo generalizado en este y en otros grupos de vivienda. Así, por ejemplo, no fue hasta el año 1970 cuando la OSH decidió acometer reformas en el grupo Pedro Chao para reconstruir una red de sumideros prácticamente inutilizada por la acción de las riadas.[80]

En lo que respecta al grupo Cabo Ortegal, pese a que inicialmente habían sido planificadas cuarenta viviendas, finalmente se construyeron un total de 64, organi-

[79] Ibídem.
[80] Archivo del Reino de Galicia. Fondo del Colegio Oficial de Arquitectos de Galicia. Caja 40378. Expediente 1088.

Imagen 40. Viviendas del grupo Cabo Ortegal. Fuente: autoría propia.

zadas en cuatro bloques de cuatro plantas cada uno, separados por un patio interior. Este grupo representa la transición hacia un nuevo modelo de vivienda, el de los bloques de edificios de cinco o más pisos de altura propios del periodo desarrollista, que acabaron por sustituir a las viviendas unifamiliares de máximo tres alturas diseñadas durante la primera etapa del régimen (Ansola, 1992: 263). No obstante, la estructura de las viviendas no variaba en Cariño: todas ellas disponían de una pieza central (salón-cocina), aseo y dos habitaciones, con una superficie de 40 m².

Como ocurría en Ares, una de las viviendas estaba reservada para un conserje, encargado del mantenimiento del grupo. Como particularidad, esta persona debía este puesto a su papel como constructor de los inmuebles, lo que lo eximía del pago del alquiler y le facultaba para poder hacerse con dos propiedades, posibilidad a la cual renunció, como también lo hizo con respecto a su condición de conserje años más tarde. Así lo señala V. B. L. (Cariño, 1950), hija del citado constructor y vecina del grupo, junto a sus seis hermanos. Entre otras labores, el conserje suministraba el agua a los inmuebles a través de un pozo, situado en la plaza del grupo. En realidad, su deficiente funcionamiento era uno de los principales problemas para los vecinos.

Non había auga, porque viña dun pozo, os do baixo collíana e xa non chegaba ao terceiro piso, aos do segundo ás veces algo. Tíñamos que carretar a auga. Logo veu unha

Imagen 41. Plano de situación de las viviendas del grupo Cabo Ortegal.
Fuente: Vuelo PNOA 2017.

traída, pero pasaba tamén polo pozo e tiña moi pouca forza, collían auga os de abaixo. Algunha xente foise porque non quería vivir desa maneira, sen auga, ao terceiro chegábache se cadra […]. Logo cada un foi poñendo unha traída para a súa casa, pero xa tiña eu trinta e tres anos, e o primeiro en poñela sería cinco anos antes.[81]

Otras deficiencias constructivas eran, por ejemplo, el escaso aislamiento: «As casas tiñan moita humidade, non había uralita, cando chovía filtrábase a auga. Recordo que meu pai subía ao tellado e botáballe cemento, chapapote… despois falamos entre todos de cubrir o edificio con uralita»,[82] o las dificultades derivadas del elevado número de miembros que habitaban en cada vivienda, a lo que en este caso se sumaba el desafío derivado del contraste entre el modelo de vida propio de la vivienda unifamiliar al que estaban acostumbrados los vecinos, de procedencia rural, y el carácter colectivo del edificio.

A xente viña do campo, daquela en Cariño cada un tiña a súa casa, non había grupos, e a xente non estaba acostumada a vivir en comunidade. Picaban a leña na cociña, un construíu unha gamela na casa… Casas moi pequenas e familias moi grandes, e había pelexas, había moitos conflitos.[83]

[81] Entrevista a A. Y. D. Cariño. 11-12-2023.
[82] Ibídem.
[83] Ibídem.

A pocos metros de las viviendas se encontraba la casa-cuartel de la Guarda Civil y una tienda de comestibles a la que solían acudir los vecinos: «Había tres tabernas, que tiñan tendas de comestibles, alí compraba a xente das "casas baratas". A xente das tendas axudaba moito, se non tiñas fiábanche e pagábaslle para a semana». El pueblo contaba también con algunos lugares destinados al ocio, «tres cines e unha sala de festas, O Chincho, máis non había». A diferencia de la de Espasante, la escuela de Cariño era unitaria y a ella asistían los jóvenes para la formación primaria, estudios que debían continuar en Ortigueira, aunque como aclara M. C. L. F.: «Algúns ían á academia á vila, pero o resto… cando saían de aquí xa ían para o mar».

En otro orden de cosas, igual que en el caso de Espasante, el grupo Cabo Ortegal contaba con cobertizos anexos, empleados igualmente como almacén para los aparejos de pesca y de labranza o para la crianza de animales. «Metíase alí a roupa do inverno, algúns ata tiñan camas», explica E. P. D. No obstante, estas instalaciones fueron construidas por los vecinos y no por la OSH, como ocurrió en Espasante, y de hecho no todos disponían de un almacén:

> Saímos daquela casa, que tíñamos porco, patacas, millo… que gardábamos no faiado, e chegamos a unha casa barata, de 40 m²… as patacas foron para debaixo da cama, as espigas para os armarios, e no baño os aparatos para traballar no terreo. Logo pedíronse uns permisos para facer unhas chabolas, houbo que ir solicitar á confraría, e cada un fixo a súa, segundo o seu poder, pero non todos a construíron.[84]

Un espacio pensado para guardar útiles de trabajo, convertido en un lugar de reunión, pues esta era la ubicación asignada para la celebración de la festividad de San Juan. Su papel como punto de encuentro le valió el sobrenombre de A Moncloa. De igual forma, las fincas anexas a los almacenes eran el lugar en el que se juntaban las mujeres para tender la ropa, pero a su vez un espacio de socialización. Otras veces eran las propias viviendas el entorno en el que se construían las dinámicas de sociabilidad de los vecinos: «Na casa de miña tía había un teléfono, porque meu tío era chatarreiro e necesitaba un teléfono. Se te tiñan que chamar, chamábante a casa de miña tía, e ela ía avisarte. Alí xuntábase moita xente, era o teléfono das "casas baratas"», recuerda V. B. L.

Aun cuando la intención de construir grupos de viviendas sociales de carácter autónomo fracasó, se forjaron en ellos fuertes vínculos de vecindad, base de una fuerte identidad colectiva que en no pocas ocasiones permitió construir estrategias de autoorganización.

---

[84] Ibídem.

A xente de Cariño falaba moi mal das «casas baratas», tiñan moi mala fama. Tratábanche incluso con desprezo. Nos setenta empezou o tema da droga e aquí había dous que traficaban, viñan moitos a comprar, iso non axudou a quitar a mala fama… pero eu síntome orgullosa de ser das «casas baratas». Ao principio non era unha broma, a xente non estaba preparada para vivir en comunidade, pero eu non renego das «casas baratas».[85]

Pero esta lógica comunitaria no se restringía al perímetro del grupo de viviendas. Las relaciones personales también se fraguaron, por ejemplo, entre los vecinos y los guardias civiles. «A Garda Civil vivía ao lado […] O Día da Pilarica (Fiesta del Pilar) os Gardas Civís facían unha festa, eles sentíanse das "casas baratas", algúns incluso viviron aquí», recuerda V. B. L. Esta identidad colectiva y estas dinámicas comunitarias no solo se plasmaban en el ocio, sino también en el plano laboral, y constituían también un rasgo propio del grupo Pedro Chao, que —de hecho— recibía una denominación no oficial de tintes despectivos, acuñada por el resto de los vecinos del pueblo: A Barriada.

Na barriada, que lle chamaban así os do pobo, a convivencia era distinta. Había máis comunidade que no núcleo, eran moi familiares os dous bloques. Sempre había nenos na casa dos outros, hai algúns que aínda a día de hoxe lle chaman a outras mamá […]. No verán sacábanse as cadeiras a rúa. Cando veu a televisión a nosa casa todas as noites había alí dous matrimonios, co tempo xa todo o mundo a tiña […]. Recordo que as mulleres se xuntaban no río a lavar, cando había que apañar as patacas ían os bloques enteiros, axudarse uns a outros.[86]

Vida marinera

Espasante y Ortigueira son pueblos cuya actividad productiva se concentra fundamentalmente en el puerto, y en la década de los cincuenta, cuando se construyeron los grupos de viviendas protegidas, la importancia de la pesca era, si cabe, aún mayor. En ambos puertos se practicaba tanto la pesca de bajura como en caladeros de altamar, como relata L. Y. P.: «Daquela había corenta ou cincuenta barcos, con catorce ou quince homes, todos uns enriba doutros. Andaban ao marraxo, ao peixe espada… e a maioría andaban ao bonito». Modalidades de pesca entre las que existía una notable diferencia, tanto en lo referido a la práctica laboral como a la parte económica. En primer lugar, la pesca de altura implicaba el desplaza-

---

[85] Entrevista a A. Y. D. Cariño. 11-12-2023.
[86] Entrevista a B. B. C. Espasante. 20-9-2023.

miento a zonas alejadas de la costa durante prolongados periodos de tiempo. Al Gran Sol, caladero situado en el Atlántico Norte, o al mar Cantábrico viajaban las embarcaciones:

> Saían a faenar quince ou vinte días e viñan á casa dous, e que había veces que xa non viñan, collían a primeira marea e íano descargar a Vigo ou a Santander. [...] Ao bonito e ao peixe espada íase alá ao Gran Sol, e logo ao bocarte ao País Vasco. Primeiro ían a Ares, collían a carnada, peixe vivo, e con el ían a Santoña, Ondárroa... e pasaban un tempo largo alí.[87]

Siempre sometida a variaciones, la temporada de captura del bonito se concentraba mayormente en los meses de verano, entre junio y septiembre, mientras el bocarte solía pescarse durante la primavera, entre marzo y junio. Una vez acabada la época estival la actividad se situaba en las proximidades de la costa, haciendo uso de diferentes artes pesqueras:

> Cando viña setembro pescaban por aquí, a poucas millas de terra [...]. Recordo que había un home que tocaba a caracola, e íamos todos correndo mirar o peixe que traían os barcos. Había brexas, palangres, pesca de liña... traíase o bote cargado de peixe. E logo botaban os botes na praia e máis no porto.[88]

En segunda instancia, a pesar de las difíciles condiciones de trabajo, el destacado nivel económico de los marineros enrolados en pesqueros de altura era conocido por toda la comunidad. Los beneficios derivados del trabajo en altamar convertían a estos marineros en un estrato privilegiado, como ocurría con las familias que recibían remesas de dinero enviadas por los familiares emigrados. La capacidad de hacerse con una vivienda en propiedad era uno de los elementos que reflejaba su estatus, expone B. B. C.: «Os que andaban ao bonito vivían como se vive hoxe. Daquela as casas que se foran facendo eran da xente que estaba no estranxeiro ou dos mariñeiros que andaban embarcados. Daquela no mar gañábanse moitos cartos».

Este estilo de vida contrastaba con el de los marineros que practicaban la pesca de bajura, cuyas circunstancias eran menos favorables: «Na baixura gañábase tamén, pero tiñan moitos gastos. As lanchas, os motores, que eran cativos, comprar as nasas, reparalas... na altura traías os "cartos libres", non tiñas gastos, e cotizabas máis».[89] Una modalidad sometida no solo a la variabilidad de las capturas, sino también al carácter rudimentario de los instrumentos de pesca de la época.

---

[87] Entrevista a P. F. M. C. Espasante. 20-9-2023.
[88] Ibídem.
[89] Entrevista a L. Y. P. Espasante. 20-9-2023.

Os barcos eran moi cativos, podíase estar catro meses sen ir ao mar se había que mandar o barco para arranxar. Non se pescaba, e tiñas que comer do aforrado e do terreo, e se non ir ao fiado. Había que «gardar das risas para as choras», por iso miña nai sempre foi moito de aforrar.[90]

Como en el resto de las comunidades marineras, la división por géneros era otra de las variables sobre las que se articulaba el mundo laboral. Si bien el núcleo del trabajo femenino era el hogar y el agro, muchas mujeres desarrollaban otras labores. L. Y. P. explica, por ejemplo, el carácter femenino del comercio de pescado: «O peixe vendíano as mulleres polas casas, máis tarde xa empezaron a ir ás lonxas a Cariño, a Celeiro, a Burela… a pé e cunha cesta na cabeza, o marido traía o peixe e elas vendíano». Por su parte, P. F. M. C. expone otras tareas realizadas por las mujeres, como el trabajo en las fábricas de conserva o la reparación de las redes, empleos que compaginaban con las tareas domésticas y agrícolas. «Moitas traballaban na fábrica de peixe, e outras eran redeiras, axudábanlle aos pescadores a preparar os aparellos, pero aparte atendían a casa e aos fillos, tiñan hortas (Muñoz Abeledo, 2024: 347-367). Daquela poñíase moito millo e moito trigo, patacas, cebolas… e a xente tiña vacas».

Conviene recordar que la mayoría de las mujeres desarrollaban su trabajo en una situación irregular, es decir, su empleo no gozaba de reconocimiento legal. Además, el sistema de prestaciones sociales estaba sometido al fraude perpetrado por los trabajadores de la cofradía de pescadores, encargados de administrar estas ayudas. De las duras condiciones de vida de los oficios femeninos da cuenta el relato de V. B. L.:

Miña nai era atadora, chamábana aínda que fora de noite, se rompía unha rede tiña que ir, e cando non había ata ía á fábrica, na casa paraba pouco, eu crieime con meus irmáns […]. A maioría das mulleres traballaban nas fábricas, arranxando as redes e nos terreos […]. A confraría levaba o tema dos seguros nas fábricas. Ao mellor había tres mulleres aseguradas e máis de cen traballando. Eu non estaba asegurada, tiven un accidente, pero mandáronme ao médico sen pagar nada. Chanchullos que había, ao mellor ía eu no sitio doutra e outra no meu sitio […]. Cando viña inspección, mandábannos saír correndo para a praia. «Que se queden só as que están aseguradas!».

En otro orden de cosas, la naturaleza eminentemente marinera de estos pueblos se dejaba sentir más allá del terreno laboral. Igual que en otros pueblos costeros, la pesca cobraba un gran valor en la celebración de las festividades, que solían girar en torno a fechas de carácter religioso. En Espasante, el Día de la Virgen del Carmen, patrona de las gentes del mar, se hacía coincidir con la partida de los buques para la

---

[90] Entrevista a A. Y. D. Cariño. 11-12-2023.

pesca del bonito. Se fijaba así en el mes de mayo, y no el 16 de julio, el día oficial de este evento, pues en estas fechas las embarcaciones ya se encontraban faenando en altamar. La celebración iba acompañada de un ritual que tenía a los marineros de la pesca de altura como actor principal, como describe B. B. C.: «Facíamos a Festa da Casa do Mar, aquí nas "casas baratas". Cando a xente ía ao bonito a Confraría facía unha festa, dedicada a esa xente. Había misa e unha procesión, tirábase un ramo ao mar, sesión vermú…».

Del mismo modo, el Día del Cristo, conmemorado en el mes de septiembre, coincidía con la llegada a puerto de las embarcaciones. Esta fecha tenía una gran connotación simbólica, pues su celebración marcaba el final y el inicio de una nueva campaña de pesca.

> No Cristo parábase de ir ao mar, era o final da campaña do bonito. Os mariñeiros ían a un bar, que lle chamaban o Raspita, e montábase unha… facíanse alí as partillas, os mariñeiros comían e pasaban a noite alí celebrando […]. Cando se acababa o Cristo volvían armar o barco para ir ao peixe espada.[91]

Otras festividades destacadas serían las de San Antonio, patrón del pueblo de Espasante, el ya citado tradicional San Juan, o el carnaval: «O entroido aquí era famoso, e había unha semana de rondalla, un grupo de músicos que ían polos bares».[92]

---

[91] Entrevista a P. F. M. C. Espasante. 20-9-2023.
[92] Ibídem.

A Coruña: grupo Alcalde Mayor del Mar Francisco Franco

Promoción de las viviendas

La historia del grupo Alcalde Mayor del Mar Francisco Franco es posterior a la de los otros casos, pues su desarrollo comienza ya cerca de la que se ha venido en llamar etapa tardofranquista. El punto de partida del futuro grupo de viviendas se sitúa en el mes de junio de 1967, cuando varios representantes de la Delegación Provincial Sindical y del sector pesquero, en concreto los presidentes del Sindicato Provincial de Pesca y del Grupo Portuario de Grandes Arrastreros y el Patrón Mayor de la Cofradía de Pescadores de A Coruña, denunciaban en un informe remitido a la Junta de Obras y Servicios del Puerto de A Coruña la escasez de viviendas que padecían los marineros de la ciudad, de gran tradición de pesca industrial ya desde comienzos del siglo y que en la década de los sesenta disponía del segundo puerto de mayor importancia de la península. Tal déficit de viviendas era señalado por las autoridades como la causa de graves problemas de desorden social y degradación moral entre muchas familias marineras:

> Carecemos de viviendas protegidas para los pescadores de Altura pese a ascender a la respetable cifra de cuatro millares, con sus correspondientes familias, de los cuales un 60 % se encuentran residenciadas en sus puertos de origen por no tener vivienda económica en esta capital, fenómeno social causante de quebrantos económicos y gravísimos trastornos familiares y morales, pues no debemos olvidar que el marino de Altura, por estar más de las tres cuartas pares de su vida activa en el mar, llega a puerto ansioso de relación... desgraciadamente hay otros que, sin fuerza de origen, se quedan en la ciudad malgastando gran parte de sus ingresos y dando como resultado familias abandonadas cuando son casados, y jóvenes descarriados cuando son solteros. Nada de esto ocurriría si sus familias pudiesen vivir en el puerto base. Del 40 % restante, muchas familias se encuentran con graves problemas de habitación, al pagar unos alquileres que no están en proporción a su salario.[93]

[93] Archivo del Reino de Galicia. Fondo Sindical. Caja 53065. Informe para la Delegación Provincial Sindical.

Bajo estas circunstancias, sería el ism la institución que impulsó la construcción de un polígono de viviendas para los marineros de la ciudad. Así manifestaba públicamente el presidente del ism, el almirante Jesús Fontán Lobé, la planificación de la obra:

> Solicitamos un solar de Elviña en donde se construirían quinientas viviendas para pescadores de altura. Hasta ahora las viviendas eran para los de bajura, pero hay problemas. Los barcos que vienen a La Coruña no tienen a sus tripulantes viviendo aquí.[94]

En enero de 1971 se daba a conocer públicamente el proyecto que contemplaba la construcción de 504 viviendas, situadas en bloques de pisos de quince metros de altura, aunque finalmente el número de inmuebles no superaría los 448.[95]

Si bien la promoción del proyecto corrió a cargo del ism, que también sufragó parte de los costes de construcción a través de una cuota fija de 50 000 pesetas por vivienda, fue el inv la entidad que aportó los solares donde habrían de erigirse los edificios, y que además completó la financiación aportada por el ism, a través de una subvención que el primero debía reintegrar al inv al remate de las obras. El convenio entre ambas entidades quedaría sellado en julio de 1972, más de un año después desde que se fijara el plazo de ejecución de las obras —en mayo de 1971—, pero esta no sería ni mucho menos la única cuestión que demoró la construcción.[96]

En primer lugar, el Gabinete de Arquitectura del ism tuvo que aguardar hasta mayo de 1973 para acreditar la aprobación del proyecto, que había recibido una valoración negativa por parte de la Dirección General del inv. Más tarde, el concurso público para la construcción de las viviendas —abierto en diciembre de ese mismo año— quedaría desierto, igual que volvería a suceder un año después, pese a que el ism había ajustado las condiciones de la memoria y aumentado el precio de licitación, que ascendió de 117 234 a 139 154 pesetas.[97]

Ante el incumplimiento de los plazos, las protestas comenzaron a sucederse, clima de intranquilidad agravado por las 30 000 pesetas en concepto de entrada que muchos marineros habían ido depositando desde julio de 1971 como suma requerida para candidatarse a las viviendas.

> En el mes de Julio del año actual, se cumplirán cuatro años de la entrega de las aportaciones iniciales por cada uno de los 448 Pescadores de Altura beneficiarios de

[94] *La Voz de Galicia*, 22-11-1970, p. 11. «Ochocientas mil pesetas, en concepto de indemnizaciones, entregadas a pescadores de bajura».

[95] *La Voz de Galicia*, 29-1-1971, p. 13. «La "Casa del Mar" pendiente sólo de la aprobación municipal».

[96] *La Voz de Galicia*, 23-7-1972, p. 7. «Cuatrocientas ochenta viviendas para pescadores serán construidas en el Polígono de Elviña».

[97] Archivo del Reino de Galicia. Fondo Sindical. Caja 53065. *Grupo de viviendas para pescadores en el polígono de Elviña de la Coruña.*

este Grupo de Viviendas. [...] Lo que en principio era resignada expectativa se va convirtiendo, en la mayoría silenciosa en lamento unánime por lo poco que se comprende la vida dura y callada de los Pescadores de Altura [...] y en la minoría exaltada —que nunca falta aún en esta serena clase trabajadora del mar— en escándalos diarios ante los Mandos de la Cofradía de Pescadores [...]. A la Cofradía como Corporación, lo que le duele no es el retraso o la frustración del Grupo de Viviendas, sino la tremenda desmoralización que viene ocasionando esta reiterada demora a una clase trabajadora tan tradicional y adicta al Régimen, y merecedora de un trato de excepción por el Estado, por su vida profesional abnegada y heroica como ninguna.[98]

Este relato sobre el clima de malestar reinante entre los marineros pertenece a un informe del Cabildo Sindical de la Cofradía de Pescadores de A Coruña, redactado en enero de 1975, en el que la entidad solicitaba al INV que declarase de urgencia la ejecución de las obras, así como el establecimiento de una cuota de licitación lo más alta posible para las viviendas de protección oficial. Unas proclamas que tendrían efecto, pues en julio de ese año se abriría un nuevo concurso público, que esta vez sí salió adelante, al tiempo que se constituía la Junta de Administración de las viviendas, formada por seis marineros, el secretario de la cofradía y el delegado provincial del ISM.[99]

Entrega y beneficiarios

En agosto de 1975 comenzaron a construirse los edificios, para cuyo remate se fijó un plazo de veinte meses, aunque para entonces algunos de los candidatos —impacientes y desconfiados ante la lentitud en el inicio de las obras— se habían decidido a retirar el depósito efectuado en concepto de entrada. «Os que puxeron as trinta mil pesetas entraron no sorteo, pero houbo moitos que como as vivendas non se facían retiráronas». Así lo explica M. T. D. H. (1969, A Coruña), que con once años se convirtió en una de las vecinas del grupo de viviendas.

Estas alteraciones en el proceso de adjudicación posibilitaron el ingreso de nuevos candidatos, personas que no formaban parte de la lista inicial de posibles beneficiarios. Es el caso de R. S. F. (Boiro, 1945), empleada de una conservera en su ayuntamiento natal, que entró en el sorteo de las viviendas tras el abandono de algunos solicitantes y el abono de una cantidad ya superior a la fijada inicialmente: «Xa tódalas solicitudes estaban feitas, xa entregaran as trinta mil pesetas, pero

---

[98] Archivo del Reino de Galicia. Fondo Sindical. Caja 53065. *Grupo de viviendas para pescadores en el polígono de Elviña de la Coruña.*

[99] *La Voz de Galicia*, 26-7-1975, p. 30. «Viviendas de pescadores».

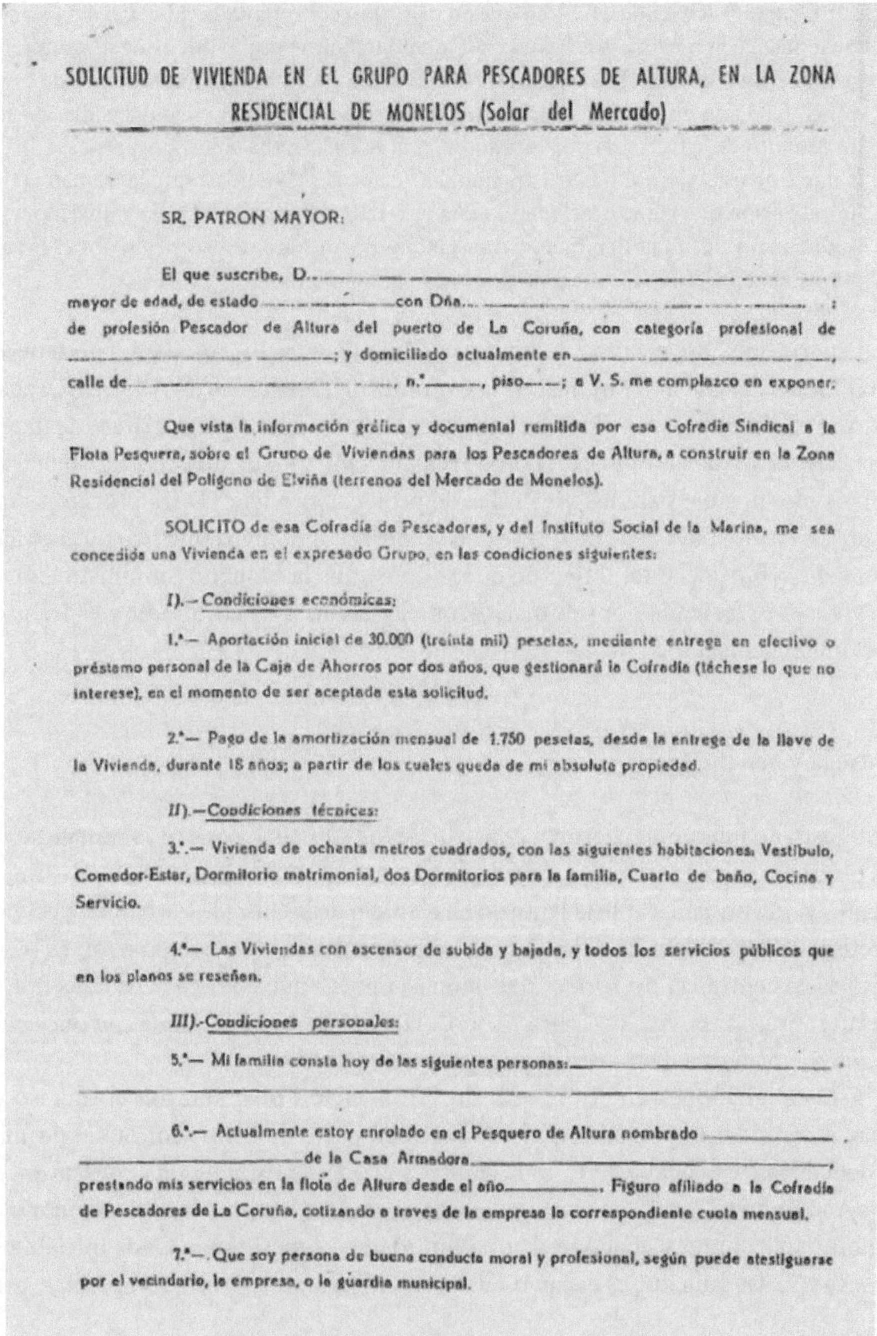

SOLICITUD DE VIVIENDA EN EL GRUPO PARA PESCADORES DE ALTURA, EN LA ZONA RESIDENCIAL DE MONELOS (Solar del Mercado)

SR. PATRON MAYOR:

El que suscribe, D..,
mayor de edad, de estado .... con Dña... ;
de profesión Pescador de Altura del puerto de La Coruña, con categoría profesional de
....; y domiciliado actualmente en ....,
calle de ...., n.º........, piso......; a V. S. me complazco en exponer:

Que vista la información gráfica y documental remitida por esa Cofradía Sindical a la Flota Pesquera, sobre el Grupo de Viviendas para los Pescadores de Altura, a construir en la Zona Residencial del Polígono de Elviña (terrenos del Mercado de Monelos).

SOLICITO de esa Cofradía de Pescadores, y del Instituto Social de la Marina, me sea concedida una Vivienda en el expresado Grupo, en las condiciones siguientes:

I). — Condiciones económicas:

1.ª— Aportación inicial de 30.000 (treinta mil) pesetas, mediante entrega en efectivo o préstamo personal de la Caja de Ahorros por dos años, que gestionará la Cofradía (táchese lo que no interese), en el momento de ser aceptada esta solicitud.

2.ª— Pago de la amortización mensual de 1.750 pesetas, desde la entrega de la llave de la Vivienda, durante 18 años; a partir de los cuales queda de mi absoluta propiedad.

II). — Condiciones técnicas:

3.ª— Vivienda de ochenta metros cuadrados, con las siguientes habitaciones, Vestíbulo, Comedor-Estar, Dormitorio matrimonial, dos Dormitorios para la familia, Cuarto de baño, Cocina y Servicio.

4.ª— Las Viviendas con ascensor de subida y bajada, y todos los servicios públicos que en los planos se reseñen.

III). — Condiciones personales:

5.ª— Mi familia consta hoy de las siguientes personas: ....
....

6.ª— Actualmente estoy enrolado en el Pesquero de Altura nombrado ....
.... de la Casa Armadora .... ,
prestando mis servicios en la flota de Altura desde el año..................., Figuro afiliado a la Cofradía de Pescadores de La Coruña, cotizando a través de la empresa la correspondiente cuota mensual.

7.ª— Que soy persona de buena conducta moral y profesional, según puede atestiguarse por el vecindario, la empresa, o la guardia municipal.

Imagen 42. Modelo de solicitud de una vivienda.
Fuente: Archivo del Reino de Galicia. Fondo de Sindical. Caja 53065.

moita xente, como as casas non se facían reclamaron os cartos [...]. Eu tiven que poñer cincuenta mil pesetas, xa non eran trinta mil».

Con todo, no solo eran económicos los requisitos establecidos por ism, que apuntaba otras condiciones para aquellos marineros que deseaban formar parte de la lista de aspirantes a una vivienda. En primer lugar, era condición necesaria ser empleado de una embarcación con base en la Cofradía de Pescadores de A Coruña y, en segunda instancia, los interesados debían acreditar una buena conducta moral y profesional, una exigencia a través de la que se pretendía depurar a aquellas personas desafectas a ojos del régimen.

En realidad, como en otros casos, los beneficiarios no siempre cumplían las condiciones exigidas por el propio Estado. Muestra de ello es el caso del marido de R. S. F., adjudicatario de la vivienda a pesar de que se encontraba enrolado en un navío con sede en Pasaia (Gipuzkoa), y no en A Coruña. En tales circunstancias, el acceso a la vivienda tuvo mucho que ver con la labor de una empleada del ism, que asumió un papel de mediación entre esta institución y la familia de R. S. F. Un rol como intermediaria que además no se limitó al acceso al inmueble, su papel también fue determinante en la vida laboral de R. S. F. y en relación con la educación de sus hijas, una de las cuales sería alumna del Colegio O Mosteirón, situado en el municipio de Sada, muy próximo a la capital provincial. Esta institución, que recibió el nombre de Residencia Carmen Polo de Franco, cuando fue inaugurada en el año 1954 dependía del ism y estaba destinada a la educación de las huérfanas de marineros fallecidos por accidentes laborales, así como a las hijas de aquellas familias con menores recursos económicos.

> Deron a noticia nos barcos e no porto de que o ism ía facer unhas vivendas, como as que se fixeran en Pasaxes e en Huelva [...]. Eu entereime destas casas por unha parente que vivía na Coruña, e fun á Casa do Mar, e preguntei, pero a secretaria díxome: «non vivindo aquí...» [...]. Comigo portouse de marabilla. Ela pensou que eu tiña cinco nenas, e xa me tiña reservadas as prazas no Mosteirón, que foi ao que foi a miña filla máis pequena. Tamén me ía colocar na fábrica de tabacos.

El de R. S. F. no fue un caso aislado en lo que respecta a la procedencia de los vecinos. El perfil de los destinatarios de las viviendas, marineros dedicados a la pesca en altamar, repercutía en las características de los beneficiarios, pues a diferencia de los casos de Ribeira, Ares, Espasante y Cariño, en los que predominaban residentes originarios de los propios municipios, en A Coruña muchos de los vecinos no eran habitantes de la ciudad, procedían de otras villas de arraigada tradición pesquera: «Había mariñeiros de Corme, de Ferrol, de Noia, de Ribeira... que traballaban aquí nos barcos. Viñan un, dous, tres días, depende, e como non podían ir de volta á casa no día quedaban aquí na Coruña», relata J. I. F. P. (1973), mecánico naval de profesión, que con quince años se convirtió en uno de los habitantes del grupo de viviendas, al que llegó desde otro barrio coruñés.

Otra de las variables sobre las que se articuló el reparto de las viviendas fue el género, pues de los 448 inmuebles que conformaban el grupo, en 390 el titular era un varón (87,65 %).[100] Entre los mismos encontramos una proporción mayoritaria de marineros, 121 de los 390, es decir, el 31 %, aunque a este grupo cabría añadirle tanto los 47 marineros que ya disfrutaban de una pensión de vejez (12 %) como los 21 que gozaban de otro tipo de prestación (5 %). Un 48 % si sumamos las tres cifras. Además, si bien las viviendas habían sido diseñadas para marineros de altura, también fueron habitadas por trabajadores de pesca de bajura, cuyo modelo de vida contaba con notables diferencias respecto a sus homólogos embarcados en pesqueros de altamar, aunque las duras condiciones laborales eran un rasgo compartido:

> A vida dos mariñeiros daquela ela moi escrava. Andaban embarcados cinco, seis, seite meses. Había accidentes e non era como agora, non había barcos de axuda para os naufraxios. Era unha vida de moito risco […]. A vida dos mariñeiros de baixura era dura tamén, o mar é moi falso para todos, pero queiras que non, viñan durmir todos os días a casa.[101]

Profesión	N.º de hombres	Porcentaje
Marinero	121	31 %
Marinero jubilado	47	12 %
Mecánico naval	35	9 %
Patrón de pesca	29	7 %
Marinero pensionista	21	5 %
Cocinero naval	18	5 %
Maquinista	16	4 %
Redero	16	4 %
Chaboleiro	15	4 %
Contramaestre	12	3 %

[100] A través de la consulta de fuentes archivísticas hemos podido reconstruir el perfil socioprofesional de casi todos los beneficiarios iniciales, creando una base de datos que se aproxima al 100 % de la muestra, pues recoge información de 445 de los 448 titulares.

[101] Entrevista a R. S. F. A Coruña. 7-8-2023.

Profesión	N.º de hombres	Porcentaje
Administrativo del sector pesquero	7	2 %
Subastador de pescado	5	1 %
Empleado de almacén de pesca	4	1 %
Oficial de pesca	3	1 %
Otras profesiones del sector pesquero	12	3 %
Otras profesiones	29	7 %
TOTAL	390	100 %

Tabla 3. Profesión de los 390 hombres titulares de una vivienda. Fuente: elaboración propia a partir del padrón municipal del ayuntamiento de A Coruña.

Los pescadores de altura no fueron los únicos ocupantes de las viviendas, si bien el mar era la fuente de ingresos de casi todos los vecinos. Se encuadran en este grupo trabajadores de diversa índole que formaban parte de las embarcaciones pesqueras, caso de los mecánicos navales (9 %), patrones de pesca (7 %), cocineros navales (5 %), maquinistas (4 %) o contramaestres (3 %), así como otras ocupaciones relacionadas con el trabajo en el mar, como los empleados de almacenes de pescado, trabajadores de la lonja, administrativos de empresas pesqueras, rederos o los *chaboleiros,* nombre que recibían los encargados de vigilar las naves en las que se guardaban los aparejos del trabajo en el mar.

En cuanto al perfil femenino, en total eran 35 las mujeres titulares de una vivienda, lo que representa un 8 % del total, de las cuales casi la mitad (49 %) gozaban de algún tipo de prestación social, mientras el otro perfil mayoritario fue el de las amas de casa, un 31 %. «As mulleres a maioría eran amas de casa, pero algunhas mulleres de mariñeiros traballaban limpando pescado no porto, outras en "pescaderías", outras vendían peixe por aí. Os homes dábanlle o peixe que sobraba e elas vendíano». [102] En cualquier caso, se debe ser cuidadoso con el análisis de estos datos, pues las estadísticas del trabajo femenino no siempre eran fieles a la realidad. Como hemos comprobado en los casos de estudio anteriores, no era extraño que la actividad laboral de las mujeres se desarrollase sin regularización, es decir, fuera del amparo legal.

---

[102] Entrevista a M. T. D. H. A Coruña. 7-7-2023.

Barrio y viviendas

Alcalde Mayor del Mar Francisco Franco, ese sería el nombre oficial que recibiría el grupo de viviendas, erigidas en un solar de 430 m² que hasta ese momento servía como emplazamiento de un pequeño mercado. Más allá de esta nomenclatura, las viviendas serían popularmente conocidas como Torres dos mariñeiros o como Torres de Monelos, denominación que encontraba su razón de ser en el lugar de emplazamiento del grupo, el barrio de Monelos, contiguo al de Elviña. El término *torres* resulta muy ilustrativo en cuanto al modelo arquitectónico del grupo, pues las viviendas estaban agrupadas en edificios de gran altura, en concreto ocho bloques de quince plantas. Se trata de un ejemplo de los grandes barrios de vivienda social del desarrollismo.

La estructura de los inmuebles también encajaba con la tipología arquitectónica adoptada por el régimen desde mediados de los años cincuenta, que incorporaba nuevos elementos, tales como tendales, despensas o la separación de la cocina y el salón. Así pues, el interior de las viviendas coruñesas estaba formado por un vestíbulo, tres dormitorios, salón-comedor, cocina-tendedero, aseo, terraza y lavadero. Contaba también con varios armarios empotrados, otra pieza característica de los bloques de viviendas del modelo desarrollista. Lo que no cambió fueron los múltiples problemas de habitabilidad que sufrían las viviendas a causa de su escasa calidad (Ansola, 1992: 263-264; Somoza y García, 2008: 24-25).

Las humedades continuaban siendo uno de los más notorios: «As "ventanas" eran de madeira, e iso en Galicia… había moitas humidades. Non había illamento. Había unha calefacción central de propano, pero usala era arruinarse…», manifiesta M. T. D. H. La deficiente cimentación —además de humedades— provocaba importantes fisuras en las paredes de los inmuebles. «As paredes tiñan gretas pola falta da cimentación. Cando empezaron a arranxar unha das habitacións agretouse dun lado a outro. Había humidades tamén. Non había unha vivenda sen gretas nin humidades», relata R. S. F.

Los defectos de construcción surgían también de la propia estructura de los inmuebles, en primer lugar, porque la superficie de estos era de menor tamaño que la recogida en los informes iniciales del ism, como explica R. S. F.: «O ism déranos un papel conforme ían facer vivendas de catro habitacións, que se quedaron en tres, e tamén tiñan menos metros dos que poñía no papel». La estructura era también deficitaria en otros aspectos, pues la distribución espacial de los inmuebles resultaba realmente caótica:

Imagen 43. Bloques de viviendas del grupo Alcalde Mayor del Mar Francisco Franco.
Fuente: autoría particular.

Imagen 44. Grieta en una de las viviendas.
Fuente: *La Voz de Galicia*, 21-10-1994, p. 43.

As medidas eran desproporcionadas. A porta do baño, por exemplo, era máis pequena que o resto, e o baño era diminuto, aos corredores sobrábanlle metros. No medio das cociñas había unha columna, que ancheaba en cada planta, no último piso ocupaba un cacho grande da cociña. Os armarios encaixados… podía vivir unha persoa dentro.[103]

Estas circunstancias fueron motivo de quejas entre los vecinos, que le exigían al ISM que llevase a cabo las necesarias reparaciones, pero, como ya había ocurrido con la construcción de las viviendas, los problemas legales imposibilitaban el avance de los trabajos. El desajuste burocrático nacía de la deuda que el ISM mantenía con el INV, entidad que sufragaba la mayor parte de los costes de construcción de los inmuebles. Al constituir el pago de dicha deuda una condición *sine qua non* para el desarrollo de la actuación, el ISM no podía ejecutar el cobro del alquiler a los inquilinos, que consistía en una cuota mensual de 1750 pesetas, a sufragar durante dieciocho años —aunque el sindicato marinero gallego de la UGT denunció la intención del ISM de elevar dicho abono mensual a 4531 pesetas—.[104] Por ende, el ISM tampoco estaba habilitado para asumir las reparaciones de los inmuebles.

Ante el mal estado de las edificaciones y la inacción del ISM, el vecindario se decidió a formar una coordinadora de afectados, haciendo pública la situación en diferentes medios de comunicación y trasladando sus demandas a las instituciones, tanto autonómicas como estatales.[105] «Fomos á radio, ao periódico, falar con todos os partidos… a denunciar ao Instituto Social da Marina para que fixese as reformas», recuerda R. S. F., que asumió un papel protagonista en la protesta. En el plano político destacó la figura del senador del Partido Popular Álvaro Someso, que mantendría diversas reuniones con los vecinos del grupo y se convertiría en intermediario de los afectados.[106] Así recuerda R. S. F. la labor de este senador: «Levou o tema ao Parlamento a Madrid, e aí foi por onde viñeron os arranxos das torres. Se se fixeron as reformas foi por el».

La presión ciudadana e institucional surtió efecto y a comienzos de los noventa la situación de irregularidad se desbloqueó. El ISM se hizo cargo de las reformas, procediendo —primero— a la colocación de vigas de contención y más tarde a la sustitución de los tejados. En paralelo, se superaron los problemas de titularidad de las viviendas y los vecinos pudieron acogerse a las dos fórmulas propuestas por el ISM para la adquisición de la vivienda en propiedad: el abono directo de

---

[103] Entrevista a J. I. F. P. A Coruña. 7-7-2023.
[104] *La Voz de Galicia*, 3-1-1984, p. 28. «Viviendas del polígono del Elviña».
[105] *La Voz de Galicia*, 9-4-1994, p. 41. «Convocada una asamblea para analizar los problemas de un grupo de viviendas de Monelos»; *La Voz de Galicia*, 3-11-1989, p. 33. «Los vecinos de las Torres de los Marineros quieren llevar su problema al Parlamento».
[106] *La Voz de Galicia*, 5-10-1994, p. 36. «El ISM evaluará las deficiencias de las viviendas de los marineros».

Imágenes 45 y 46. Edificios del grupo antes y después de las reformas.
Fuente: *La Voz de Galicia*, 14-3-1980, p. 19, e 4-8-1994.

1 359 300 pesetas o el pago de 299 cuotas mensuales de 4531 pesetas, y una última de 4348.[107] «Houbo quen pagou a casa en vinte catro anos, nós fomos uns dos poucos que o pagamos todo xunto», señala R. S. F. Fue así como en noviembre de 1997 los vecinos del grupo pudieron formalizar el documento de compraventa de unas viviendas que habitaban desde abril de 1978 —dos meses después de su entrega mediante un sorteo—, pero sin escritura alguna.

Vida marinera

El perfil de destinatarios para el que fueron diseñadas las viviendas resultó un elemento determinante a la hora de escoger su emplazamiento, muy próximo al puerto, principal espacio de trabajo de la gran mayoría de los vecinos. De hecho, este sería uno de los elementos mejor valorados por los habitantes del barrio y una de las piezas centrales en la promoción del polígono de viviendas por parte del ISM.

A escasa distancia del grupo se situaba también la Casa del Mar, lugar al que los marineros y sus familias debían acudir con relativa asiduidad, pues en él se concentraban servicios de diversa índole. El edificio, abierto al público en agosto de 1972, contaba con diversas instalaciones distribuidas a lo largo de diez plantas: servicios de atención sanitaria, oficinas del ISM y de la Cofradía de Pescadores, espacios de recreo —la cafetería y el Hogar del Pescador—, salón de actos y habitaciones de hospedaje para los marineros foráneos, conocidas popularmente como los telemaris.[108] «A Casa do Mar encargábase de todo. Estaba o centro médico para

---

[107] *La Voz de Galicia*, 8-11-1997, p. 34. «El Instituto de la Marina ofrece nuevas salidas para las torres de los marineros».

[108] *La Voz de Galicia*, 22-8-1972, p. 11. «Franco inauguró la Casa del Mar y la Ciudad Sanitaria, de La Coruña».

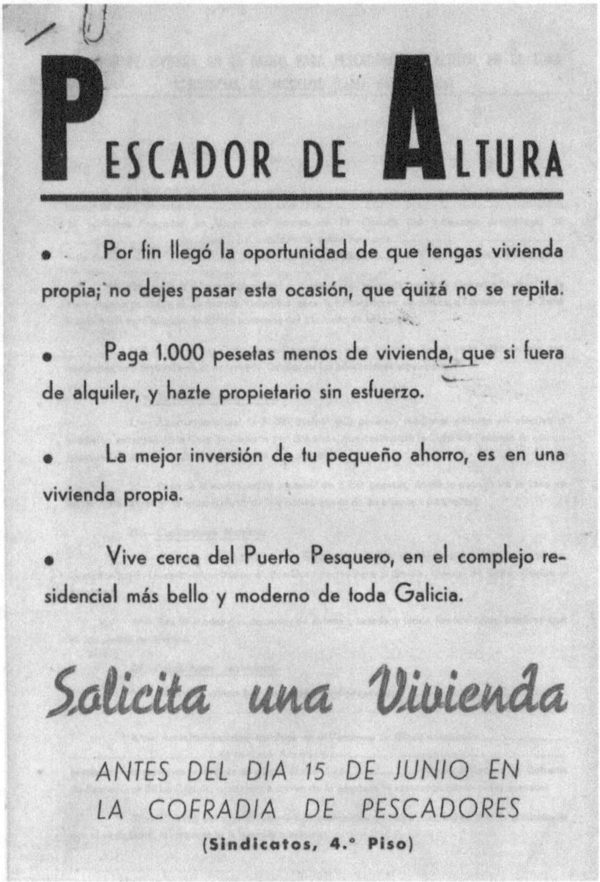

Imagen 47. Anuncio del grupo de viviendas.
Fuente: Archivo del Reino de Galicia. Fondo Sindical. Caja 53065.

os mariñeiros. Eu por exemplo por ser filla de mariñeiro tiña que ir alí. Estaba tamén a oficina de emprego, e o tema das pensións, os seguros de viuvez, os seguros médicos…».[109]

Asimismo, la Casa del Mar era también lugar de actividades de carácter oficioso e informal, como ceremonias religiosas o la comunicación de ofertas de empleo por parte de los encargados de los navíos. «No salón de actos dábase misa. Tamén era un dos sitios nos que se anunciaba traballo. Alí falábase: "oes, sabes de mariñeiros? que busco para ir traballar…"».[110] En la parte posterior se encontraba el centro escolar, que recibía por entonces el nombre de Generalísimo Franco, y entre los edificios

[109] Entrevista a M. T. D. H. A Coruña. 7-7-2023.
[110] Entrevista a J. I. F. P. A Coruña. 7-7-2023.

Imagen 48. Casa del Mar. Fuente: *La Voz de Galicia*, 20-8-1972, p. 11.

del grupo había también una zona habilitada para el recreo: «Entre a segunda torre había un sitio con dúas porterías de fútbol e dúas canastras, e un parque cuns columpios e un tobogán. Alí xogábamos os nenos do barrio».[111]

Los espacios de ocio de los adultos, igual que en el terreno laboral, también se distribuían en función del género: los bares eran los lugares más frecuentados por los hombres, mientras las mujeres se reunían en la esfera privada, en sus propias viviendas. Una de las actividades en torno a las que socializaban las mujeres eran las fiestas de *tupperware*, eventos realizados en los domicilios en los que la propietaria de la vivienda asumía el papel de comercial de esta conocida marca de recipientes, quienes salían beneficiadas con un porcentaje de la venta de los productos, una tradición comercial importada desde Estado Unidos. «Os homes xuntábanse nos bares do barrio. Xogaban ás cartas e outras cousas. Nun dos bares había un teléfono a onde se ían facer chamadas. [As mulleres] xuntábanse nas casas. Facíanse reunións nalgunhas casas e vendíanse *tuppers*, produtos de limpeza…».[112]

Más allá del género y la edad, el lugar de origen era también una variable importante a la hora de articular las dinámicas de sociabilidad. Muchos de los vecinos, mayoritariamente marineros, procedían de aldeas de pequeño tamaño, lo que suponía un difícil proceso de adaptación, pues implicaba el abandono de

---

[111] Entrevista a J. I. F. P. A Coruña. 7-7-2023.
[112] Entrevista a M. T. D. H. A Coruña. 7-7-2023.

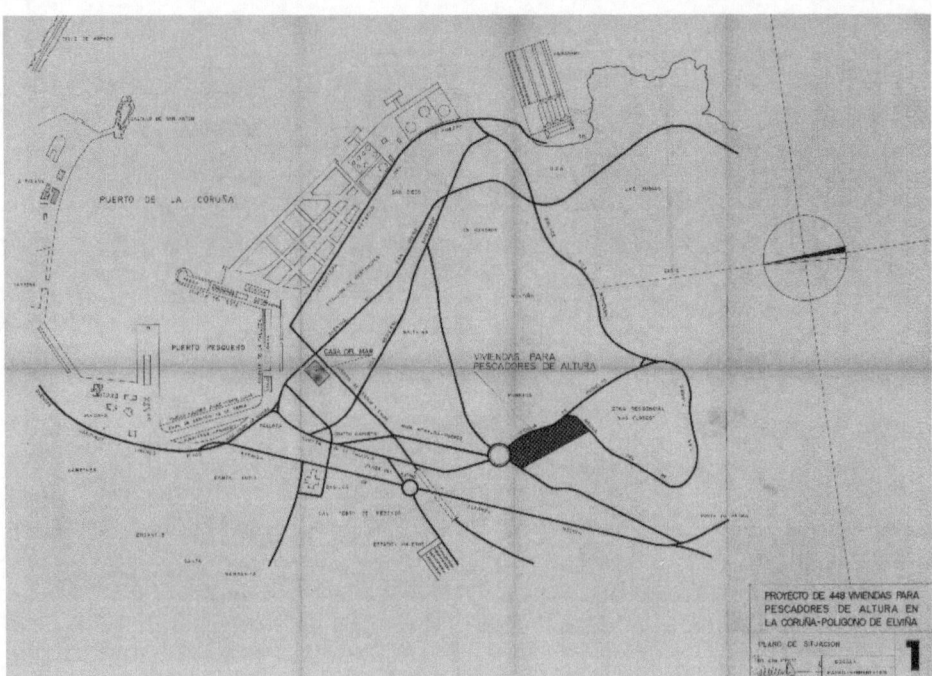

Imagen 49. Plano de situación del polígono de viviendas. Fuente: Archivo del Reino de Galicia. Fondo Colegio Oficial de Arquitectos de Galicia. Caja 41600. Expediente 1344v.

Imagen 50. Plano de situación de los edificios. Fuente: documentación cedida por R. S. F.

códigos sociales propios del entorno rural y la asimilación al modo de vida urbano: «Había moita xente de Coruña, pero moitos tamén viñan de fóra. Ao conseguir unha destas vivendas xa se quedaron aquí, pero algúns non se adaptaron e deixárona. Se viñas dun pobo adaptarse aquí non era fácil…».[113]

En relación con los eventos comunitarios, las principales tradiciones del barrio se concentraban en festividades religiosas. «O día da Virxe do Carme facíase unha procesión coa Virxe, sacábase da Igrexa, e ía ata os Ministerios. En San Xoán en cada torre había unha fogueira».[114]

Por último, el plano organizativo no se limitaba a las comisiones encargadas de las fiestas, la tradición asociativa tenía también su expresión en una asociación de vecinos, plataformas que acabarían por convertirse en protagonistas de uno de los movimientos sociales más destacados durante el proceso de transición a la democracia. «Había unha asociación de veciños, pero non era só destas vivendas, era a de todo Monelos, que existía dende o ano 67 máis ou menos».

---

[113] Entrevista a J. I. F. P. A Coruña. 7-7-2023.
[114] Ibídem.

Franquismo, vivienda y propaganda política

A medida que la escasez y la precariedad de vivienda se fue convirtiendo en un problema social y político de mayor calado, las autoridades franquistas concentraron esfuerzos en la promoción de viviendas sociales, política de la que resultaron diversos planes de actuación, de los cuales un gran número no llegó a ejecutarse. Esta política pública pretendía paliar el importante déficit de viviendas y mejorar las condiciones de vida de la población española, en especial de las clases medias, más identificadas con el régimen, pero también fueron otras las razones que motivaron al régimen a impulsar la construcción de grupos de «casas baratas».

Entre los motivos más destacados se encontraban la defensa de la moralidad cristiana y de la familia tradicional, la presentación de una imagen del país como una nación pulcra y de orden, así como los objetivos de control social y la intención de forjar apoyos sociales, sobre todo entre los grupos sociales históricamente desafectos, caso de los marineros. José Luis Arrese, ministro de Vivienda entre 1957 —año de su fundación— y 1970, falangista de primera hora, entendía las subvenciones a la vivienda como «diques de contención frente a hipotéticas subversiones, considerando que en un pueblo sin hogares bajan peligrosamente "los coeficientes de paz social"» (Román, 2008: 78).

Así pues, en su afán por fomentar actitudes de consentimiento hacia el régimen, este desplegó un elaborado aparato de propaganda política, puesto en práctica a través de diversas herramientas. En primer lugar, una intensa cobertura mediática que engrandecía la labor de las entidades promotoras y constructoras de inmuebles que, como hemos visto, se caracterizaban por las malas calidades y los altos requisitos económicos para su acceso. Además, en términos cuantitativos el relato construido por la prensa contrastaba con la realidad de los planes de vivienda (Román, 2018: 74).

La exaltación del régimen y la divulgación de una imagen benevolente del mismo se proyectaba también en los actos de inauguración o el comienzo de las obras, convertidos en rituales propagandísticos a los que asistían autoridades políticas y

Imagen 51. Firma del acta de construcción de las viviendas del grupo José Antonio por parte del gobernador civil. Fuente: *La Voz de Galicia,* 19-9-1950, portada.

eclesiásticas (Román, 2018: 77). No en vano la inauguración de las obras del grupo José Antonio se convirtió en un día de celebración al que asistieron el gobernador civil y jefe provincial del Movimiento, Rafael Hierro Martínez, y el alcalde riberiense.[115] A la entrega de las viviendas asistieron representantes religiosos, como recuerda I. P. A.: «Cando as entregaron veu o cura bendicir as casas».

Unos hechos similares ocurrieron en Ares, donde la colocación de la primera piedra del grupo Salvador Moreno corrió a cargo del gobernador civil García Martínez, acompañado del alcalde, José Justo Montero, entre otras autoridades.[116] A la entrega de las viviendas asistieron el vicesecretario general de Obras Sindicales, José Fernández Bacorell, el delegado local de Sindicatos, Antonio García Penabad, y el secretario técnico de la OSH, Fernando Menéndez Aguirre.[117] No obstante, la asistencia de autoridades fue habitual también en otros eventos, como en la inauguración de la Casa del Mar de A Coruña, a la que acudieron además del ministro de Trabajo y el obispo auxiliar de Santiago de Compostela, el propio Francisco Franco, así como «una concentración de pescadores y hombres del mar de toda la provincia, que, en número de cinco mil, se trasladarán en 120 autobuses».[118]

---

[115] *La Voz de Galicia,* 19-9-1950, p. 8. «El domingo en Santa Eugenia. Colocación de la primera piedra de un grupo de viviendas protegidas».

[116] *La Voz de Galicia,* 4-12-1955, p. 8. «Dos edificios escolares inaugurados en Ares. También fue colocada la primera piedra de un grupo de 48 viviendas».

[117] *La Voz de Galicia,* 2-10-1957, p. 2. «Entrega de viviendas por la Delegación Provincial de Sindicatos en Ares y Ferrol».

[118] *La Voz de Galicia,* 22-8-1972, p. 11. «Franco inauguró la Casa del Mar y la Ciudad Sanitaria, de La Coruña».

Imagen 52. Escudo de la OSE sobre la pared de una de las viviendas del grupo Salvador Moreno. Fuente: autoría propia.

Otra de las claves de bóveda de esta labor de propaganda se situaba en la nomenclatura de los grupos, que hacía referencia al ideario político-ideológico del régimen (Román, 2018: 76). No por casualidad las «casas baratas» de Ares recibieron el nombre de Salvador Moreno, un militar ferrolano (1886) que había formado parte del levantamiento contra el gobierno republicano en 1936, participando directamente en los bombardeos de varias ciudades costeras claves en la victoria del bando sublevado, que ocupó diversos cargos de destacada importancia, entre ellos el de ministro de Marina (1939-1945 y 1951-1957).

En Ribeira, la denominación del grupo aludía a José Antonio Primo de Rivera, fundador de Falange Española, convertido en mártir y mito por la propaganda del régimen franquista. En Espasante el nombre elegido para el grupo de viviendas era el de Pedro Chao (Pérez), un destacado falangista del pueblo de Ortigueira que había ocupado, de hecho, el cargo de secretario de FET-JONS local antes de fallecer en combate durante la Guerra Civil.[119] Su participación en las filas del bando

---

[119] *El Pueblo Gallego*, 19-7-1938, p. 4. «Por la Patria».

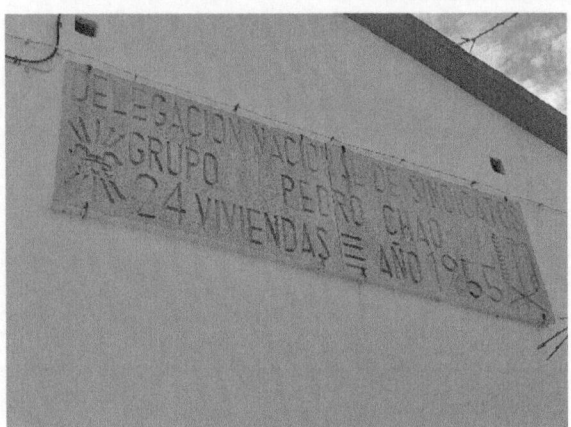

Imagen 53. Placa de inauguración del grupo Pedro Chao.
Fuente: autoría propia.

franquista sería premiada con la concesión de la Medalla Militar.[120] El carácter propagandístico de la nomenclatura resulta evidente en A Coruña: Alcalde Mayor del Mar Francisco Franco.

El callejero de los grupos respondía también a una deliberada politización por parte del Estado. Así, por ejemplo, en Ares algunas de las calles llevaban el nombre de importantes figuras políticas y militares, caso de la calle General Mola, en alusión a Emilio Mola, uno de los directores del golpe de Estado del 1936, o la calle Calvo Sotelo, referida al que fuera ministro durante la dictadura de Primo de Rivera (1925-1930) y, desde 1934 hasta su asesinato a manos de una milicia socialista días antes del alzamiento militar del 18 de julio de 1936, líder del partido monárquico y ultraconservador Renovación Española. La doctrina religiosa del régimen también quedó patente en la nomenclatura de la calle San José y la calle del Carmen, esta última patrona de los marineros. El nombre de otras calles respondía a personajes de relevancia en el pueblo o en la comarca, como es el caso de la calle Cirilo Pérez, reconocido médico de Mugardos, pueblo próximo a Ares, o la calle Hermanos Bugallo, que debía su nombre a una de las familias más importantes de la historia aresana, a saber: tres emigrantes indianos promotores de varias edificaciones en el pueblo, como el Casino o la Alianza, y propietarios de industrias de salazón.[121]

Por último, la obligatoriedad de colocar en la fachada de las viviendas referencias a las entidades constructoras, principalmente en forma de placas, es también una prueba de la intención de la dictadura de recordar a la ciudadanía su labor.

---

[120] BOE. 7-9-1938, pp. 1127.
[121] Véase la web disponible en línea en <https://unapegadacubanaenares.wordpress.com/2022/01/15/una-mencion-especial-a-quien-tanto-debemos/#more-726>.

Los marineros y sus actitudes políticas hacia la dictadura

Cierto es que el método de entrega de las viviendas sociales promovidas por el régimen franquista permitía excluir a las personas consideradas desafectas, pues la necesidad de contar con el beneplácito de las autoridades locales, conocedoras de la realidad política y la identidad ideológica de los individuos y de las familias, resultaban mecanismos altamente operativos para el control social. Asimismo, el lucro personal y los tratos de favor operaron en el reparto de los inmuebles, pero también es importante recordar que diversos sectores sociales se vieron favorecidos por la política de vivienda protegida, en atención a lo cual el grueso de la población evaluó positivamente la posibilidad de acceso a una vivienda protegida en el contexto de la época (Román, 2008: 79-80).

Nuestra muestra de entrevistas pone de manifiesto este positivo balance realizado por los beneficiarios. «Foi unha cousa boa. Aos que viñemos para aquí solucionounos o tema da vivenda, porque non tiñamos casa. Cando pasaba o tempo e non as entregaban... facíase largo», expone I. P. A., en sintonía con las declaraciones de M. C. B. B.: «Déronlle casa á xente que non tiña, iso foi unha cousa boa, unha pena que non se fixeran máis, como tiñan pensado. Ao vir para aquí viñemos para a gloria bendita».

Estas posiciones deben interpretarse teniendo en cuenta el difícil contexto económico que atravesó el periodo franquista, pese a los cambios producidos durante los cuarenta años de dictadura. En primer lugar, la escasez de viviendas provocaba situaciones como la forzosa convivencia de varios familiares en una misma estancia, a veces hijos de distinto sexo, y en otras ocasiones incluso residían en un mismo espacio diferentes matrimonios, como expone I. P. A.: «A casa estaba moi ben para vivir un "pobre", había algunhas en Parte do Río [zona del municipio de Ribeira] que vivían dos matrimonios nunha casa cunha habitación e unha cociña. Nós cando vimos esta casa, coa horta... vimos a Dios!».

> As casas eran frouxas, moi precarias, pero para quen non tiña nada… Estas casas foron unha lotería. Dou gusto entrar nelas. Melloraron moito a vida da xente. […] Eu viña dunha casa cun só cuarto, estábamos nunha mesma habitación eu e o meu home máis ou meus catro fillos, e cobrábanse cinco pesetas por ela.[122]

A la limitada oferta de vivienda se le sumaba la precariedad que caracterizaba a los hogares de la mayoría de la población, que no contaban con servicios mínimos y que, de hecho, solían sufrir problemas de salubridad. Una situación agravada en las décadas de los cuarenta y los cincuenta, aunque a la altura de los años setenta el disfrute de una vivienda digna aún resultaba muy complicado para el grueso de las clases trabajadoras. Así lo recuerda M. T. D. H., vecina de las Torres dos mariñeiros, que pese a los obstáculos burocráticos y las deficiencias de construcción que obligaron a los vecinos a invertir muchos esfuerzos en las reparaciones, se muestra conforme: «Houbo que facer moitas reformas, cambiar todos os tubos, as fiestras… incluso con iso as vivendas eran mellores que de onde viñas».

Así, la calidad de la vivienda social se situaba en una posición superior a la vivienda media de la época, factor que explica que uno de los elementos más repetidos entre los entrevistados sea el contraste entre sus anteriores moradas y sus nuevos hogares, pese a los nada escasos problemas de estos últimos. «Ben feitas non estaban, pero para nos eran palacios», describe I. P. A., un relato similar al de J. M. F. C.: «A mellora de vida foi… tiñan o defecto das humidades, pero de onde viñas tiñas que estar contento», vecinas del grupo José Antonio. Por su parte, E. P. L. valora así su traslado al grupo Cabo Ortegal: «O cemento das paredes escachaba todo, as ventás eran de madeira, pero habíaas moito peores que estas, daquela grazas por tela, era moita pobreza. A xente cando viña para estas casiñas viña contenta, outra cousa non había».

El disfrute de servicios como el baño, el suministro de agua o la cocina de leña son elementos en los que los testimonios hacen hincapié. «Con todos os males que tiña a casa estaba mellor que a casa na que estaba antes. Alí nin auga, nin había baño… era todo ao pobre, alí non tiñamos nada, e cobrábanme dez pesetas pola casa», valora M. P. C., inquilina del grupo Salvador Moreno. «Esta casa tiña todas as comodidades, víñamos dunha que non tiña nin auga, había que ir á fonte por ela. Antes bañábaste nunha "tina", non había baño, esta tiña cociña, nas outras eran lareiras. Era pequena pero confortable», relata B. B. C., en línea con su vecino del grupo Pedro Chao P. F. M. C.: «A xente quedou contenta. Estas casas xa eran de cemento, eu vivín na casa de miña avoa, que era de madeira… tiñan ducha, con ducha, de auga fría, pero das primeiras casas con ducha, e cociña de leña».

[122] Entrevista a E. M. P. Ares. 11-8-2023.

As habitacións estaban pintadas, unha de cada cor, tiñamos auga corrente, as primeiras casas con depósito que houbo en Ribeira, baño, que non todo o mundo o tiña… a luz era de 220 (vatios). Lembro que fun un día mercar unha lámpada, e cando lle dixen que quería unha de 220, estaba alí un veciño, e dixo «que animalada, 220, esas casas van voar polo aire!».[123]

En suma, pese a la multiplicidad de dificultades derivadas de los déficits de construcción y la reducida calidad de las «casas baratas», el valor que cobraba el acceso a un bien tan esencial y la mejora en las condiciones de vida convertían el derecho a una vivienda protegida en un verdadero logro. El reducido precio de estos inmuebles acrecentaba también el valor para quienes sí pudieron hacer frente a las mensualidades:

Foi unha moi cousa boa, non había para onde ir, as casas quedaban escasas para a xente que había. A xente viña de vivir en alpendres, estas casas eran palacios […]. Miña nai sempre agradeceu moito que estas casas existiran. O acceso a unha casa para meus pais estaba moi restrinxido, e coma elas moitos. Houbo xente que se quedou fóra, era moi complicado construír unha casa, e naquela época non había alugueiros […]. Estas casas eran baratas, podías asumir a cota, se tiñas pouco íaste a unha casa barata.[124]

Al reconocimiento colectivo de la política de vivienda también contribuía la posibilidad de adquirir la vivienda en propiedad, en lugar de vivir en régimen de alquiler, todo un símbolo de éxito social, en un contexto en el que la cultura de la propiedad aún apenas tenía recorrido (Román, 2018: 75). «Daquela non había moitas casas para alugar, e sabías que ao cabo dos anos a casa ía ser túa», nos dice F. C. V. para el caso de Ares, una opinión semejante a la que muestra J. I. F. P. en A Coruña, quien además señala la ventaja de la estratégica localización del grupo. «A xente recibiunas moi ben, con moita ilusión. A ver onde encontrabas daquela unha vivenda de tres habitacións, cun patio interior… por trinta mil pesetas […]. As torres estaban cerca do porto, non tardabas moito».

En resumidas cuentas, la vivienda social fue una destacada política del régimen franquista, que entre otras cosas representó uno de los principales dispositivos de los que este se valió para legitimarse entre las clases medias y populares, una consecución de apoyos sociales clave para su estabilidad política.[125] A través de estos casos de estudio hemos podido diagnosticar la existencia de posturas de reconocimiento hacia la labor del régimen, que se expresan, eso sí, hacia diferentes figuras

[123] Entrevista a B. B. C. Espasante. 20-9-2023.
[124] Ibídem.
[125] No entraremos en profundidad en este apartado en el fecundo debate historiográfico sobre las actitudes sociales y políticas de la población bajo el franquismo. Para la relación entre la política de vivienda del régimen y las actitudes sociales de los españoles: Román Ruiz, 2018; Fuertes, 2020; Lanero, 2020 y 2021.

e instituciones. Algunos vecinos, por ejemplo, atribuían el plan de vivienda a la corporación municipal:

> Don Miguel Rodríguez Bautista foi un alcalde moi querido, fíxolle moitos favores ao pobo. Foi o que fixo estas casas, foi moi bo alcalde […]. M. C. fixo os papeis cando foi o de compralas. Se foi el quen dou as escrituras de propiedade, o concello algo tivo que meterse no tema.[126]

Otros muestran su agradecimiento hacia los funcionarios locales de otras instituciones, caso de los representantes del Movimiento:

> Todo foi cousa da sindical, que viñeran os da sindical de Coruña entregarnos as chaves […]. Un día unha veciña díxolle a miña nai que viña da Sindical, de cambiar o nome da casa, que os pais lle dixeran de poñela ao seu nome, xa que era filla única. Estaban alí os de Coruña e arranxáranlle, e miña nai díxome que porque non poñía a nosa o meu nome. Fun a sindical, estaban Pepe e Julián. Chamaron aos de Coruña: «mira esta rapaza ven por isto, quería cambiar o nome da casa da nai para ela», contestaron de Coruña, «ai iso non sei eh, hai algúns pais que lla pasaron ao fillo e quedaron na rúa…», e díxolle Pepe, «desta familia respondemos nós», e amañamos. A Pepe e a Julián agradecinlle sempre aos dous moito.[127]

En cualquier caso, este relato contrastaba con la posición crítica manifestada hacia otras autoridades locales, por ejemplo, en relación con el reparto particularizado de las viviendas: «Que ías dicir? Como dixeras algo ías mal, ías pedir un papel á sindical e xa non cho daban», dice J. M. F. C. El empleo patrimonial del poder político por parte de los representantes del Estado es también otra crítica que se pone de manifiesto. P. V. R. muestra así cierta reticencia hacia la figura de M. C. H., el funcionario municipal que se había erigido como intermediario entre los vecinos del grupo José Antonio y la administración, pero que era conocido por otras facetas derivadas de su actividad profesional y de sus labores extraoficiales, convertidas en una fuente de ingresos informal.

> Foi o que fixo todo o tema para poder compralas, recollendo os papeis todos da xente. Era o xestor daquela época, na casa tiña unha oficina e alí arranxaba cousas, a xente maior non sabía e ía a onda el, temas da xubilación e tal, sabíase mover. Fixo moitos cartos, xa sabemos como era naquela época.[128]

---

126 Entrevista a B. B. C. Espasante. 20-9-2023.
127 Entrevista a M. C. B. B. 18-7-2023. Ribeira.
128 Entrevista a P. V. R. 21-7-2023. Ribeira.

No obstante, las principales críticas las concentran los secretarios de las cofradías de pescadores. A las ya citadas reprobaciones en torno a estas figuras, podemos añadir la negativa valoración que el conjunto de los vecinos realiza sobre J. P. R., encargado de gestionar el acceso y los cambios de inquilino de los inmuebles del grupo Alcalde Mayor del Mar Francisco Franco, también presidente de la comisión gestora constituida para la administración de las reformas.

> Digamos que había dous tipos de funcionarios, algúns normais, e logo estaban J. P. R e os seus secuaces, que eran moi autoritarios. J. P. facía o que lle daba a gana. Movía a xente de torre, dáballe a casa a quen quería, un día cambiabas de veciño da noite a mañá, e non sabías que che ía tocar, un redeiro ou igual un comandante de marina [...]. Había uns veciños que eran problemáticos, e o resto quería cambialos de torre. Diso encargouse J. P. Outro que quería herdar o piso de seu pai, tamén se encargou el.[129]

Su carácter autoritario motivaría incluso enfrentamientos con algunos de los vecinos: «Algunha xente non o podía nin ver por como era. Ameazárono moitas veces. A xente cando entrou nos pisos e tiñan menos metros dicía: "este estafounos!" [...]. Con el agradecemento non houbo, de feito houbo moitas "rencillas"».[130] La polémica que rodeaba a este personaje no solo guardaba relación con sus atribuciones como gestor del grupo de viviendas, también sobre sus competencias en otros ámbitos, caso de la gestión de los seguros sociales de los marineros. «J. P. R e os seus secuaces eran os de "aquí mando eu". Fixo moitos "chanchullos", moito negocio, pero non só do tema das vivendas, había moita xente que non sabía e el amañáballes. Teño oído que quería que se lle dera (dinero)», recuerda J. I. F. P. En una línea similar da cuenta el testimonio de R. F. S.

> Na Casa do Mar estaba tamén o dos seguros dos mariñeiros. Alí arranxábanche todo o dos seguros. Daquela estaban tamén os sindicatos, que eran os que miraban pola xente. En Pasajes, onde traballaba o meu home, había uns sindicatos libres, o outro dábache o beneplácito e punto pelota.[131]

Por otra parte, la mitificación de la figura de Franco es otro de los discursos habituales profesados entre los receptores de una vivienda. En este sentido, M. T. D. H. recuerda cómo muchos de los vecinos atribuían personalmente al dictador la promoción de las viviendas sociales para marineros, y no solo las Torres de Monelos. El grupo de viviendas para marineros situado en otra zona de la ciudad, el de

[129] Entrevista a J. I. F. P. A Coruña. 7-7-2023.
[130] Entrevista a M. T. D. H. A Coruña. 7-7-2023.
[131] Entrevista a R. S. F. A Coruña. 7-8-2023.

San Pedro de Visma, era entendido por muchos de los vecinos de Monelos como un regalo del propio Franco.[132]

> Había de todo, pero o sentir xeral era que as dera Franco, que como non se pagaban eran un agasallo de Franco. Dicían tamén que nas outras casas de pescadores tampouco se pagaban porque tamén as dera Franco. Hai que entender que aquela xente vivira o que vivira...[133]

Estas actitudes sociales de consentimiento y aprobación de la dictadura surgían también de otros ámbitos, no solo de la política de vivienda pública. Uno de los más habituales tiene que ver paradójicamente con otro de los campos que más recelo causó por parte de los ciudadanos: la promoción de los seguros sociales, para no pocos españoles una de las iniciativas más emblemáticas desplegadas por el régimen. «Eu estiven 14 anos na praza cunha muller que me chamou para traballar, pero non tiña contrato [...]. Franco tivo unha cousa boa, que calquera persoa que cotizara do 1961 ao 63, aínda que traballara tres meses, cando se xubilara tiña dereito a pensión».[134]

Con todo, estas inclinaciones hacia el dictador a menudo se muestran como contradictorias, pues a la vez que los sujetos reconocen su papel en la mejora del nivel de vida señalan su carácter autoritario y la ausencia de libertades del régimen, motivos de desafección hacia el mismo.

> As casas foron feitas por Franco. Isto antes eran propiedades de labradores, entón Franco expropiou os terreos para facer as vivendas [...]. Daquela era todo ditadura. Había que ir á Igrexa todos os domingos, o profesor preguntábache «fostes á misa?», e para controlar incluso preguntaba «e que roupa levaba o cura?».[135]

De hecho, algunos de los testimonios ponen de manifiesto su abierto rechazo tanto al propio Franco como al régimen, debido a su naturaleza dictatorial y represiva, la supresión de libertades políticas o la miseria económica, que forzaba entre otras cosas a la emigración. «Había algún franquista, pero pouco, o que pasa é que non se podía falar moito tampouco... Moita xente foise de aquí por "motivo de Franco", era irse ao estranxeiro ou resignarse. Como en moitos sitios aquí mataron xente», avanza P. F. M. C.

---

[132] Fontán, 2020.

[133] Entrevista a M. T. D. H. A. A Coruña. 7-7-2023.

[134] Entrevista a R. S. F. A Coruña. 7-8-2023. Sobre la gestión de la previsión social en el franquismo (Lanero, 2019: 249-269).

[135] Entrevista a J. R. R. 17-7-2023. Ribeira.

A xente estaba agradecida con ter un teito, pero tamén eran conscientes de que naquela época moitas cousas ían ao revés, xa daquela eran favorecidos os ricos e aos pobres dábanlle unha casiña pero non quixeras quitar os pés do chan. Eu o de «Gracias a Dios que fixeron», nunca llo escoitei a ninguén [...]. Miña nai pode estar agradecida porque foi unha vantaxe para que a xente máis humilde tivera casa, pero tamén ten outros recordos, naquela época tamén se pasou mal, e iso «merma», o agradecemento que hai por ese lado. A Franco dende logo non o admiraba.[136]

---

[136] Entrevista a B. B. C. Espasante. 20-9-2023.

Conclusiones

Este libro es una aportación novedosa a un tema que hasta el momento apenas había sido explorado por la historiografía: la política de vivienda social para marineros puesta en marcha por el franquismo.

En realidad, nuestro tema de investigación puede considerarse un subcampo dentro de un ámbito de estudio más amplio, el de las políticas oficiales de vivienda bajo la dictadura franquista y, de modo aún más general, durante el siglo XX en España.

La vivienda social es un tema de investigación sobre el que se han venido realizando durante las últimas décadas aportaciones de interés desde diferentes disciplinas —arquitectura, urbanismo, historia o geografía—, pero que tiene todavía un largo camino y muchas nuevas posibilidades de investigación por delante.

Nuestra investigación ha demostrado que en la provincia de A Coruña, y todo hace indicar que en Galicia en su conjunto, no se construyó ni un solo poblado de pescadores durante el franquismo, a pesar de que la Dirección Nacional de Arquitectura había proyectado hasta tres: Pontevedra, Cambados y Moaña, todos en la provincia de Pontevedra, durante la primera mitad de la década de 1940.

Esto no significa que la dictadura no promoviera y edificara, fundamentalmente por medio de dos entidades públicas, la OSH y el ISM, viviendas destinadas a los marineros y sus familias a lo largo de todo el litoral gallego.

Hemos estudiado en profundidad este proceso en cinco puertos pesqueros: A Coruña, Ribeira, Ares, Cariño y Espasante (Ortigueira), pero sabemos de la existencia de iniciativas similares en muchas otras localidades, de un tamaño y una relevancia pesquera muy variables. Solo por citar algunos ejemplos sin ánimo de exhaustividad hemos cartografiado pequeños barrios o grupos de viviendas para marineros en Vigo, Vilagarcia de Arousa, A Guarda, Baiona, Marín, Sada, Foz, Celeiro (Viveiro), etc.

Sabemos que estas iniciativas tuvieron lugar a lo largo de toda la dictadura, si bien aún no disponemos de suficiente información empírica para definir cronologías precisas en la construcción de viviendas sociales para marineros o para identificar comarcas que fueran objeto de un especial interés por parte de las autoridades del régimen. Con todo, pensamos que es posible apuntar algunas tendencias generales al respecto.

A pesar de que la década de 1940, en particular sus primeros años, representaron el zénit tanto en lo relativo a producción teórica acerca de la vivienda marinera como en cuanto al esfuerzo de la Dirección General de Arquitectura por conocer en profundidad su situación y diagnosticar las necesidades en todo el litoral español —con la publicación entre 1942 y 1946 de los tres volúmenes del Plan Nacional de Mejoramiento de la Vivienda en los Poblados de Pescadores—, el número de poblados y de grupos de viviendas construidos —o al menos iniciados— fue poco relevante durante este decenio. Más bien fueron la excepción.

Las décadas de 1950 y 1960 concentraron la mayor parte de las iniciativas en la construcción de barrios de pescadores, tal y como ponen de manifiesto casi todos los casos analizados en este libro, de manera coherente con lo que conocemos sobre la evolución general de la política de vivienda social durante la dictadura, con un importante impulso durante la segunda mitad de los años cincuenta y la década de 1960. De hecho, los casos de estudio de Ribeira, Ares, Cariño y Espasante (Ortigueira) se adscriben a esta etapa y comparten numerosos rasgos entre sí.

Finalmente, los años terminales del franquismo, la primera mitad de la década de 1970, representaron una relativa caída en la actividad constructiva de las instituciones del régimen que tal vez haya que relacionar con los propios cambios estructurales en la pesca como actividad económica, con la consolidación de la pesca de altura y la mayor capacidad económica de los marineros dedicados a esta última. Hay que tener en cuenta, además, que muchos de los proyectos e iniciativas constructivas acometidas en la década de 1970 no se finalizaron hasta la Transición o incluso la década de 1980, en unas condiciones políticas e institucionales muy diferentes. Este sería el caso de las Torres dos Mariñeiros de A Coruña.

De hecho, la evolución de la tipología arquitectónica de las viviendas y de la forma urbana de los barrios de pescadores, de casas de una o dos alturas y bajas densidades urbanas —años cuarenta y cincuenta— a la concentración en bloques de viviendas en las décadas de 1960 y 1970, reproduce las mismas tendencias mostradas por el conjunto de la política de vivienda de la dictadura.

La carestía de vivienda que sufrían los marineros y sus familias fue la razón que impulsó en la mayor parte de casos de estudio a las autoridades locales —a los ayuntamientos— a solicitar de las instituciones del régimen, tanto del INV como de la OSH, la construcción de viviendas sociales destinadas a este colectivo profesional.[136]

---

[136] La excepción fue el caso de A Coruña, donde la iniciativa partió de una petición de la Delegación Sindical provincial y la promoción de las viviendas correspondió al ISM.

Los consistorios —en ocasiones también las cofradías de pescadores— facilitaban la construcción de los grupos de viviendas donando los terrenos o aportando fondos para la expropiación de estos. Aun así, los solares en los que se levantaron las viviendas se situaron por lo general en zonas periféricas de las poblaciones. Además, la cercanía al mar o a cauces de agua representó un grave inconveniente para sus habitantes: problemas de cimentación de las viviendas, inundaciones, etc.

De hecho, la pobre calidad de las construcciones fue la tónica dominante, agudizada por las particulares condiciones de la climatología atlántica: humedades, precario aislamiento proporcionado por tejados y ventanas, escasez de cemento en suelos y techos, inconsistentes paredes de yeso y tablilla, grietas derivadas de defectos de cimentación, mala distribución de los espacios interiores, etc. En la mayor parte de los casos, las instituciones promotoras se desentendieron de estos defectos y fueron los propios vecinos quienes los tuvieron que solucionar.

A todo ello se debe añadir unos larguísimos procesos de construcción de las viviendas y de urbanización de los grupos y barriadas que en varios casos se prolongaron —con alguna interrupción— durante más de diez años entre el inicio de las obras y la entrega efectiva de las viviendas a los beneficiarios.

La localización de estos grupos de viviendas a las afueras de las poblaciones implicó su frecuente alejamiento de servicios y equipamientos sociales del tipo de escuelas, guarderías, consultorios médicos, tiendas y mercados o espacios destinados al ocio. También sufrieron durante mucho tiempo la falta de redes de alcantarillado, de alumbrado público o la inexistencia de aceras o de calles asfaltadas, lo que convertía los espacios comunes en auténticos lodazales. Precisamente todas estas carencias animaron a la autoorganización vecinal para su superación y ofrecieron las condiciones para el surgimiento de una fuerte identidad colectiva.

Los grupos de viviendas para marineros, como las barriadas de viviendas sociales construidas por el franquismo en general, funcionaron muchas veces como espacios autónomos y relativamente aislados, al menos hasta que fueron absorbidos e integrados por el crecimiento urbano. La escasez de servicios básicos se suplía como se podía, casi siempre con la existencia de algún establecimiento que funcionaba simultáneamente como tienda de comestibles y de otros productos de primera necesidad y como bar o taberna.

Esas pequeñas tiendas eran los principales centros de sociabilidad de los grupos de viviendas. Por su parte, las fiestas populares actuaron como un importante elemento de refuerzo de la identidad vecinal. En especial dos celebraciones: San Juan, con la organización comunitaria de las tradicionales hogueras y la festividad de la Virgen del Carmen, patrona de los marineros.

Más allá de las celebraciones colectivas, las formas de sociabilidad variaron en función tanto del género como de los grupos de edad. Mientras los hombres se reunían en las tabernas para beber y jugar a las cartas o al dominó; las mujeres lo hacían unas en casa de las otras. Por su parte, niños y niñas jugaban en la calle y los adolescentes iban al cine o aprovechaban, cuando los había, los programas de actividades del Frente de Juventudes o de la Sección Femenina locales.

El acceso a las viviendas sociales es otra cuestión relevante. La mayor parte de los beneficiarios se enteraron o bien en el ámbito laboral, al circular la información desde las cofradías de pescadores y las casas sindicales del régimen, o bien a través de contactos personales.

Los sorteos fueron la forma más habitual de acceso a las viviendas sociales. Sin embargo, casi siempre estuvieron condicionados por prácticas corruptas mediante las cuales se favorecía a amigos, familiares, conocidos… o las viviendas iban a parar a individuos que no cumplían con el perfil socioeconómico de familia-tipo —con pocos recursos y grandes dificultades para acceder a una vivienda— que definía la legislación y ensalzaba el discurso público de la dictadura.

De hecho, la aportación inicial —alrededor del 10 % del coste total de la vivienda— que tenían que hacer los futuros beneficiarios disuadió a muchas familias interesadas de presentar la correspondiente solicitud y en no pocas ocasiones dejó viviendas sin ocupar. Esto dio lugar a frecuentes prácticas de especulación inmobiliaria con la vivienda social: funcionarios municipales que se hacían con varias viviendas en un grupo o ayuntamientos que decidían alquilarlas o venderlas como segundas residencias a los practicantes del incipiente turismo nacional durante las décadas de 1960 y 1970. En algunos de los casos analizados, la alta tasa de movilidad entre los beneficiarios de las viviendas se debió a la incidencia que la emigración laboral a Europa occidental tuvo en Galicia durante esas mismas décadas.

Por lo que respecta a la sociología de los beneficiarios, en los cinco casos de estudio presentados, la mayoría de las personas que accedieron a las viviendas eran o bien marineros —con sus familias— o bien personas relacionadas de alguna manera con actividades vinculadas al sector naval o a las industrias auxiliares de la pesca. Junto a este grupo, encontramos en proporciones diversas, según cada caso, perfiles profesionales muy habituales entre los beneficiarios de viviendas sociales durante las décadas franquistas: trabajadores manuales —albañiles, carpinteros, mecánicos—; comerciantes; funcionarios locales; guardias civiles, etc.

Aunque la mayor parte de las mujeres aparecen en la información ofrecida por las fuentes como amas de casa, la pluriactividad femenina se muestra como una constante. Las mujeres de los marineros beneficiarios trabajaban en multitud de actividades, casi siempre vinculadas al marco informal de la economía sumergida: como empleadas en fábricas de conserva, vendedoras ambulantes de pescado, estibadoras, rederas, etc., también en la hostelería, limpiando las segundas residencias de los turistas y, por supuesto, en las faenas agrícolas. En realidad, el cultivo de pequeños terrenos en las proximidades de las viviendas para el autoconsumo familiar se hacía extensivo, dada la característica estacionalidad de la actividad pesquera, a sus maridos, particularmente a los que practicaban la pesca de bajura.

De hecho, en varios de los casos analizados, los grupos de viviendas contaban con casetas o cobertizos que hacían la función de almacén de aparejos para la pesca, de aperos de labranza e incluso en algún caso se empleaban como cuadras para la cría de ganado menor —cerdos, conejos, aves, etc.—; trasladando al diseño arquitectónico de las viviendas la complementariedad entre actividad pesquera y agrícola que caracteriza a las poblaciones costeras gallegas.

Las estructuras familiares más habituales eran las familias con un elevado número de hijos, si bien también hemos referenciado casos de mujeres solas al frente de la familia, por encontrarse sus maridos en la emigración o ser viudas. Ello sin tener en cuenta el hecho de que los marineros de la pesca de altura pasaban largas temporadas —la mayor parte del año— fuera de casa.

Un asunto central para las investigaciones sobre vivienda social bajo el franquismo, y también para este libro dedicado al colectivo de los marineros, es el de las actitudes sociales y políticas que los beneficiarios de los inmuebles —tanto a título individual como familiar— mostraron con respecto de la política de vivienda desarrollada por la dictadura y sobre la figura de Franco y su régimen más en general.

Hay que tener en cuenta en primer lugar que la política de vivienda estuvo permeada a lo largo de toda la dictadura por una intensa propaganda oficial que pudo tener algún efecto sobre las actitudes sociales de la población, si bien esto no es fácil de medir.

Más allá de la presencia constante en los medios de comunicación del régimen —prensa, radio, NO-DO, publicaciones oficiales, etc.— de información sobre futuros planes de construcción o finalización de obras; las inauguraciones de nuevos grupos de vivienda, con sus rituales de entrega de llaves y escrituras a los nuevos moradores, eran actos de afirmación política planificados al detalle en los que participaban autoridades políticas y mandos locales y provinciales del partido único (FET-JONS) y de sus sindicatos, acompañados por otras fuerzas vivas de las localidades —religiosos, militares, etc.—.

Además, la propaganda adquiría una dimensión material y permanente a través de las placas conmemorativas de la OSH y de la Organización Sindical Española (OSE) adheridas a los edificios, la identificación de los grupos de viviendas con los nombres de jerarcas del partido, mártires locales de la «cruzada», santos, vírgenes o personajes históricos prominentes dentro del imaginario de la dictadura o la denominación, en la misma línea, de las calles que articulaban los barrios de viviendas para marineros.

A pesar de las notables carencias materiales de las viviendas y de la falta de equipamientos de los nuevos barrios, los beneficiarios y sus familias expresan en líneas generales una valoración positiva de la política de vivienda del franquismo. Este hecho tiene por una parte que ver con el contraste percibido entre las condiciones de las casas de las que algunas familias procedían —insalubridad, hacinamiento, falta de los servicios más elementales— y unas nuevas viviendas dotadas, por ejemplo, de depósitos que permitían disponer de agua corriente, cocinas de leña, lavadero o cuarto de baño con ducha e inodoro. En muchos casos, la sensación de mejora individual o familiar se hizo muy evidente. A ello se debe añadir el sentimiento de éxito social familiar derivado de la posibilidad de convertirse en propietarios —aunque fuera a treinta o cuarenta años vista—.

Entre los beneficiarios hemos encontrado con frecuencia manifestaciones de agradecimiento al régimen, particularmente a Franco como responsable directo de la construcción de los grupos. Sin embargo, como suele suceder cuando se analizan las actitudes sociales de la población bajo las dictaduras, la valoración positiva de la política de vivienda del franquismo no impide que los mismos individuos que manifiestan estas actitudes se muestren críticos con el régimen y con el dictador en relación con otras cuestiones como la miseria y el hambre vividos durante la posguerra, el empleo de la violencia política o la falta de libertades.

También tiene mucho interés el análisis de las opiniones que los beneficiarios tienen respecto de su relación con los funcionarios del régimen encargados tanto de la tramitación de las solicitudes de vivienda como de la gestión de determinados aspectos de la vida cotidiana en los grupos de viviendas sociales. Las actitudes hacia estos funcionarios de rango medio o bajo —por lo general personal de la casa sindical o de la cofradía de pescadores local— son bastante contrastadas según los casos. O bien se ensalza su labor como intermediarios eficientes en la difusión de la información sobre la futura construcción de viviendas sociales, en la tramitación de las solicitudes o en el cambio de titularidad de las casas o, por el contario, se les caracteriza como personal sindical corrupto que se apropiaba indebidamente de inmuebles o los asignaba a personas sin necesidades reales de vivienda en función de sus intereses, relaciones sociales, compromisos, etc.

Una mención particular merece el papel de los conserjes o vigilantes de los grupos de viviendas. Nombrados por la Organización Sindical, se les concedía el disfrute de una vivienda y se les encomendaba el control social, político y moral de los vecindarios, así como la realización de algunas tareas, como el cobro de las cuotas mensuales de amortización de los inmuebles o la gestión de pozos y depósitos de agua. La memoria de los vecinos oscila, en función de cada caso, entre el recuerdo de su diligencia en la solución de problemas para la comunidad o la denuncia de sus abusos de poder.

Más allá del ámbito concreto de la vivienda social para marineros, este libro, a través de los cinco casos de estudio seleccionados, ha pretendido adentrarse en otros aspectos de la experiencia vital de los marineros y de sus familias. Así, por ejemplo, se ha hecho al explicar cuestiones como el pluriempleo familiar, las formas y prácticas de sociabilidad o las celebraciones comunitarias.

Hay que destacar también el papel que las cofradías de pescadores, como instituciones recuperadas por el régimen a inicios de la década de 1940 para el encuadramiento de los trabajadores de la pesca, desempeñaron en la vida cotidiana de los marineros. La cofradía de cada puerto era además la sede de la delegación local del ISM y se encargaba de la administración de los seguros sociales a los que paulatinamente tuvieron derecho los marineros. La tramitación de los seguros fue un campo abonado para la proliferación de prácticas corruptas protagonizadas por los funcionarios al frente, como por ejemplo quedarse con parte de las prestaciones o solicitar propinas a los beneficiarios por la realización de gestiones que entraban dentro de sus competencias profesionales. Las cofradías también tramitaban permisos o concedían pequeños préstamos para la adquisición de embarcaciones y de otros efectos navales. Es decir, las cofradías de pescadores, al igual que muchas otras entidades del régimen, funcionaron como plataformas institucionales para la asignación clientelar de recursos, lo que a su vez permitió a los funcionarios que las dirigían la acumulación de un importante capital social.

En varias de las localidades estudiadas se crearon a lo largo de las décadas de 1960 y 1970 Casas del Pescador —rebautizadas al final del franquismo como Casas del Mar—, un tipo particular de entidad destinada a la gente del mar que pretendía encauzar sus formas de ocio y sociabilidad y acercar a los marineros a la dictadura mediante una oferta que incluía la prestación de atención médica, la organización de actividades formativas o la puesta a su disposición de locales para el ocio —bares, cafeterías, salones de actos, etc.—.

Bibliografía

Ansola Fernández, Alberto (1992): «La intervención estatal en el alojamiento pesquero en el litoral cántabro (1940-1980)», *Ería*, n.º 29, pp. 253-266.

— (2008): «¡Arriba la pesca!: el discurso de la política social pesquera durante el primer franquismo», *Áreas*, n.º 27, pp. 95-103.

— (2021): *Los pósitos de pescadores. Una inusitada aventura reformista (1917-1943)*, Santander: Ediciones Universidad Cantabria.

Barrera Beitia, Enrique, Eliseo Fernández Fernández (2018): *A fuxida do bou Ramón*, A Coruña: Deputación provincial de A Coruña.

Benito Del Pozo, Carmen (1993): *La clase obrera asturiana durante el franquismo: empleo, condiciones de trabajo y conflicto, 1940-1975*, Madrid: Siglo XXI.

Bravo Cores, Daniel (2001): *La historia de Riveira. 1200-1975. Una Singladura de 800 años*, Cambados.

Cendán Fernández, Luis (2002): *Ares. Memoria gráfica*, A Coruña: Deputación provincial de A Coruña.

Díez De Rivera, Pascual (1940): *La riqueza pesquera en España y las cofradías de pescadores*, Madrid: Editora Nacional.

— (1947): «La mar, despensa inagotable e insustituible en tiempos de escaseces», *Boletín de la Real Sociedad Geográfica de Madrid*, n.º 83, pp. 541-563.

Fontán Bestilleiro, David (2020): «Casas para gente del mar. El barrio dos mariñeiros de A Coruña», en Daniel Lanero Táboas (ed.): *De la chabola al barrio social. Arquitecturas, políticas de vivienda y actitudes sociales en la Europa del Sur (1920-1980)*, Granada: Comares, pp. 117-137.

Freire Camaniel, José (2019): «Marineros de Redes en apuros en A Costa da Morte», *Revista Atenencia. Recuperando a Historia de Camouco e das Sociedades de Instrucción*, n.º 6, pp. 4-25.

Fuertes Muñoz, Carlos (2020): «Vivienda y actitudes sociales ante la dictadura franquista (c. 1950-c. 1975): el consentimiento y sus límites», en Daniel Lanero Táboas (ed.): *De la chabola al barrio social. Arquitecturas, políticas de vivienda y actitudes sociales en la Europa del Sur (1920-1980)*, Granada: Comares, pp. 209-226.

Giráldez Rivero, Jesús (1996): *Crecimiento y transformación del sector pesquero gallego (1880-1936)*, Madrid: Ministerio de Agricultura, Pesca y Alimentación.

— (2024): «Para mariñeiros, nós! O mar dos galegos na Galicia contemporánea», en Isidro Dubert García (ed.), *Galicia, un mar con historia*, Vigo: Xerais, pp. 257-284.

Ibarz Gelabert, Jordi (1993): «Disciplina, rendimiento, resistencia y acumulación. Los estibadores portuarios de Barcelona en la II República y el primer franquismo», *Cuadernos de Relaciones Laborales*, n.º 3, pp. 51-63.

Lanero Táboas, Daniel (2019): «Vellos e asistencia social en Galicia en tempos do franquismo», en Isidro Dubert (ed.): *A morte de Galicia*, Vigo: Xerais, pp. 249-269.

— (2020): «La política de vivienda del franquismo en una ciudad de tamaño medio: Santiago de Compostela (1940-1960)», en Daniel Lanero Táboas (ed.): *De la chabola al barrio social. Arquitecturas, políticas de vivienda y actitudes sociales en la Europa del Sur (1920-1980)*, Granada: Comares, pp. 95-116.

— (2021): «Franquismo, políticas sociales y actitudes de la población», *Historia del Presente*, n.º 38 (2), pp. 71-87.

— (2023): «El franquismo y su política de vivienda en Galicia: contribuciones a un debate incipiente», en Lourenzo Fernández Prieto, Francisco Jorge Leira Castiñeira (eds.): *Galicia, un golpe sin cuartel, una guerra sin trincheras. La construcción sociopolítica de la dictadura franquista (1936-1960)*, Valencia: PUV, Universitat de València, pp. 375-397.

La Spina, Vincenzina (2021): «Un poblado para pescadores en Cartagena (España) de Carlos de Miguel (1947-1955)», *VLC arquitectura*, vol. 8, Issue 2, pp. 183-217.

López Carcedo-Iglesias, Diego (2020): «Marineros, empleados, funcionarios…, la política de vivienda del franquismo en la Galicia urbana de los cincuenta y sus beneficiarios», en Claudio Hernández Burgos; Miguel Ángel del Arco Blanco (coords.): *Esta es la España de Franco. Los años cincuenta del franquismo (1951-1959)*, Zaragoza: Universidad de Zaragoza, pp. 187-206.

Molinero, Carme (2005): *La captación de las masas: política social y propaganda en el régimen franquista*, Madrid: Cátedra.

— (2006): «El reclamo de la 'justicia social' en las políticas de consenso del régimen franquista», *Historia social*, n.º 56, pp. 93-110.

Muñoz Abeledo, Luisa María (2024): «O traballo das mulleres na Galicia litoral contemporánea», en Isidro Dubert García (ed.): *Galicia, un mar con historia*, Vigo: Xerais, pp. 347-367.

Muñoz Fernández, Francisco Javier (2021): «Viviendas y poblados pesqueros en el litoral vasco durante la posguerra», *Zainak. Cuadernos de Antropología-Etnografía*, n.º 39, pp. 99-141.

Pereira González, Dionisio (1992): «Asociacionismo e conflictividade na Galiza mariñeira, 1870-1936», en Dionisio Pereira González (coord.): *Os conquistadores modernos. Movemento obreiro na Galicia de anteguerra*, Vigo: Edicións A Nosa Terra, pp. 153-172.

— (2010): *Loita de clases e represión franquista no mar (1864-1939)*, Vigo: Edicións Xerais.

— (2014): «Adhesiones y consensos durante el primer franquismo: la Galicia marinera

(1936-1954)», en Julio Prada Rodríguez (dir.): *No solo represión. La construcción del franquismo en Galicia*, Madrid: Biblioteca Nueva, pp. 107-125.

— (2024): «Cando o capitalismo chega ao mar. Loita de clases na Galicia marítima», en Isidro Dubert García (ed.): *Galicia, un mar con historia*, Vigo: Xerais, pp. 307-346.

PIÑEIRO DE SAN MIGUEL, Esperanza, Andrés GÓMEZ BLANCO (2001): *A pesca e os mariñeiros. Cedeira, Cariño, Ortigueira e Mañón*, Grafitec: Fene.

RODRÍGUEZ, Emilio (2006): *Cen anos da cidade de Santa Uxía de Riveira*, Riveira: Concello de Riveira.

RODRÍGUEZ SANTAMARÍA, Benigno (1923): *Diccionario de las artes de pesca de España y sus posesiones*, Madrid: Sucesores de Rivadeneyra.

ROMÁN RUIZ, Gloria (2018): «"¡Ni un español sin hogar". La política de construcción de viviendas sociales en el campo altoandaluz durante el franquismo y su potencial para generar consentimiento entre la población», *Historia Social*, n.º 92, pp. 63-80.

SOMOZA VALES, Yolanda, Antonio GARCÍA FERNÁNDEZ (2008): *Vivienda Colectiva Vivienda Protexida Social Housing. Protexida Social Housingn In Galicia*, A Coruña: Edicións Espontáneas.

SUÁREZ, Xosé Manuel (2002): *Guerra civil e represión en Ferrol e comarca*, Ferrol: Concello de Ferrol.

Agradecimientos

Los autores quieren expresar su agradecimiento a las entidades que, con su apoyo institucional y financiero, han hecho posible esta investigación: la Excelentísima Deputación Provincial de A Coruña y la Universidade de Santiago de Compostela. En particular, a D. Xosé Regueira Varela, vicepresidente de la Deputación Provincial y a Dña. Pilar Murias Fernández, vicerreitora de Estudantes e Cultura de la USC.

Asimismo, al personal archivero y técnico municipal que nos ayudó en la localización y consulta de documentación; a Beatriz Bermúdez Blanco (Espasante) y a Luis Armada Pita (Cariño), que nos ofrecieron pistas muy valiosas en la persecución de fuentes a veces esquivas.

Queremos dar las gracias de manera especial a todas aquellas personas que amablemente compartieron su tiempo con nosotros para que pudiéramos conocer de primera mano cómo eran las vidas marineras de aquellos años: a la gente de Ribeira, Daniel, Juan Manuel, Juan José y José Manuel; de Ares, Bea, Alma y Fina; a Andrea e Isidoro de A Coruña; y a Belén, de Espasante.

Ya en lo personal:

A Alba (Xurxo), por acompañarme en este camino recorrido a golpe de tecla.

A María y Xiana (Daniel), por su infinita paciencia cuando, en nuestro tiempo en familia, me detengo en cualquier sitio a fotografiar viviendas sociales.